232位偉人·名人為你排憂解惑

這個句子拯救我

定政敬子 著
北谷彩夏 繪

給青少年的強心金句

マンガでわかる！★10代に伝えたい名言集

前言

你現在有煩惱嗎？
如果你有煩惱的話，
那真是太好了！

因為，這代表你正在成長。
那些所謂的偉人，
曾經也都有各種不同的煩惱。

像是交不到朋友、被人欺負霸凌，
或是被人當成笨蛋戲耍、遭人背叛，
還有討厭上學、不會讀書……等等。

或許有些人很介意自己的缺點或弱點。
即使如此，
他們仍然克服了重重困難以及討厭的事，
成功實現了自己的夢想。

我們有時想靠自己解決某些煩惱，
卻怎樣也解決不了。
所以，就讓本書當中這些偉人
來回應你的煩惱。

你們都擁有才能及潛力，
請你們一定要好好地發揮它，
實現自己的理想或目標。
你，一定做得到。

本書使用指南

請從「目次」找出你現在煩惱的問題。
然後翻到那一頁，
那一頁漫畫裡的主角與你有著類似煩惱。

仔細瞧瞧，
你看見那隻一直默默
守護你的小狸貓（傳話小狸）了嗎？

這隻小狸貓會變身成偉人，
然後告訴現在的你所需要的名言佳句。
左頁的內容，

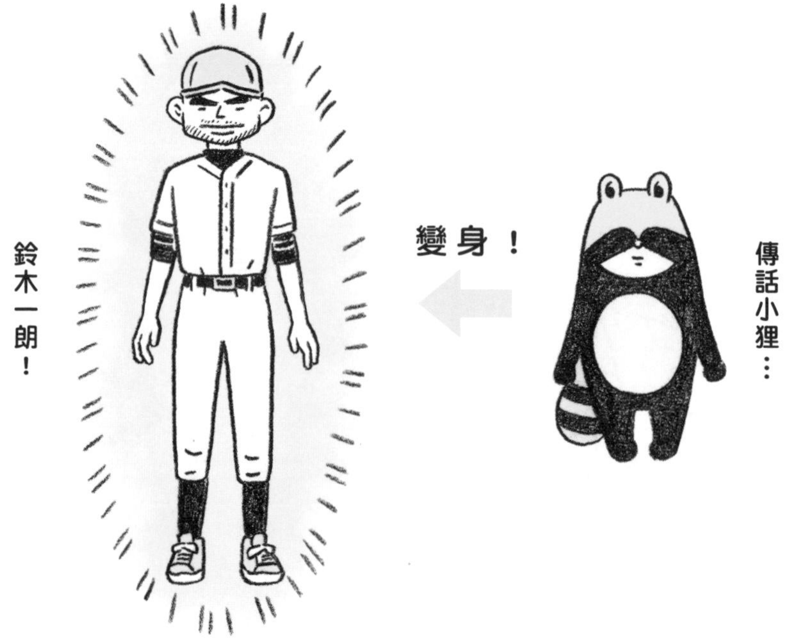

則是另一位偉人的生平小故事，
這位偉人也有著相同的煩惱與痛苦。
讀完他的故事後，
你就會了解到「原來自己不是孤單的」。

然後，
也請你將這些偉人所說的話，牢牢地記在心中。即使
有什麼痛苦難熬的事，也已經不要緊了。
從此刻起，你已獲得這些至理名言。
這些偉人所說的話，都會是你人生中的好幫手。
你會隨著這些名言佳句，
慢慢地改變，成長蛻變為一名大人。

傳話小狸登場的頁數

偉人的生平小故事

其他偉人的名言佳句

這個句子拯救我 給青少年的強心金句 ● 目次

其實有很多種思考方式呢

第4章　一切都從行動開始

第5章　讓日子一天比一天快樂的方法

第6章　想讓擁有無限未來的你知道的14件事

z z z

全世界的小朋友啊，
你們啊，可以成為任何人。
是啊，因為你們就是奇蹟。

——帕布羅．卡薩爾斯

西班牙
世界級大提琴演奏家、
指揮家
（1876-1973）

第1章

給為人際關係
感到煩惱的你

孤零零的一個人

當你獨自一人時，
只有你獨自一人時，
你就可以成功實現
那些沒有人能
辦到的事。
所以，
你要
打起精神！

約翰・藍儂

音樂家，前披頭四樂團成員

（1940－1980）

那位偉人
也是這樣

在孤苦無依的環境下
培養出文學才能

川端康成
（1899－1972）

川端康成以《伊豆的舞孃》、《雪國》等作品廣為人知，也是第一位獲得諾貝爾文學獎的日本作家。出生在醫師世家的川端康成童年非常孤單。父親在他兩歲時去世，母親也在隔年離開人世，於是康成便由外公、外婆扶養照顧。外婆細心地照顧著身體孱弱的康成，然而溫柔的外婆也在康成上小學時過世，因此康成只能與外公二人相依為命。由於康成經常請假沒上學，為了讓孤單的內心有所慰藉，於是他開始畫畫，而且還夢想以後要成為一名畫家。到了小學高年級時，他的注意力逐漸轉移到寫作，並且下定決心將來要成為一名小說家。就在他15歲時，一直臥床不起的外公最終還是過世了，周圍的人都非常同情他，覺得這孩子實在可憐。在眾人都難過哭泣時，只有他獨自一人茫然地站到最後一刻。川端康成真的孤身一人了，他為了填補內心的空洞，於是開始撰寫小說，一步一步地朝著自己的夢想邁進。

不要想著討好你的朋友，就算被朋友孤立也無所謂，要堅定自己的想法，只要能夠貫徹自己所選的道路，你就能夠真正成為一位受人喜愛的人。

岡本太郎，藝術家（1911-1996）

所謂孤獨一人，是你不同於他人；所謂不同於他人，代表你將孤獨一人。

蘇珊・戈登，美國女性作家、編輯（1945-）

孤獨的樹如果成長了，就會長得非常茁壯。

溫斯頓・邱吉爾，英國政治家（1874-1965）

總是愛跟別人比較

你不需要拿你自己跟這世上的任何人進行比較。
因為，這代表你看輕了自己。
5

比爾・蓋茲

美國微軟創始人、慈善事業家

（1955－）

那位偉人
也是這樣

不與他人比較，展現自我個性與發展個人才能的發明大王

湯瑪斯・愛迪生

（1847－1931）

美國的發明大王湯瑪斯・愛迪生，小時候是個非常讓人頭疼的孩子。他小時候曾經到處問人：「為什麼火會燃燒呢？」當他發現大人都回答不出來時，就決定把倉庫裡的稻草點火，親眼確認火焰點燃的瞬間。就在愛迪生沉醉地觀賞燃燒的樣子，一邊讚嘆著愈燒愈旺的火焰時，那間倉庫也被愛迪生給燒毀了。愛迪生在學校裡也是個問題學生。他非常認真地向老師問：「為什麼1＋1＝2？可是把兩個黏土做的罐子黏在一起就會變成一個罐子呀！這是為什麼？」老師很驚訝愛迪生怎麼會問這種問題，直呼：「這個孩子的腦袋有問題吧！」結果，愛迪生的母親反而向老師大聲抗議，並且決定讓愛迪生休學，在家裡接受教育。如果是一般的家長，可能會不耐煩地責備孩子：「其他的同學都乖乖地在學校上課，為什麼你就不能跟他們一樣？」但是，愛迪生的母親卻能看出自己孩子的才能與個性，並且給予愛迪生支持。她不拿自己的孩子去跟其他人比較，因此沒有這方面的困擾。後來，愛迪生也表示：「因為母親無條件的支持，才有今天的我。」感謝母親為他做的一切。

只要停止與他人比較，然後一心一意地專注在自己的工作上，我們自然而然就會開拓出一片天地（一個小小的世界）。

森信三，日本哲學家、教育家（1896-1992）

請你停止與他人比較。因為，你擁有其他人沒有的資質與才能。

約瑟夫．墨菲，美國作家、牧師（1898-1981）

自尊心高的人，不會讓自己顯得比別人優秀。

納撒尼爾．布蘭登，美國臨床心理師、作家（1930-2014）

朋友很少……

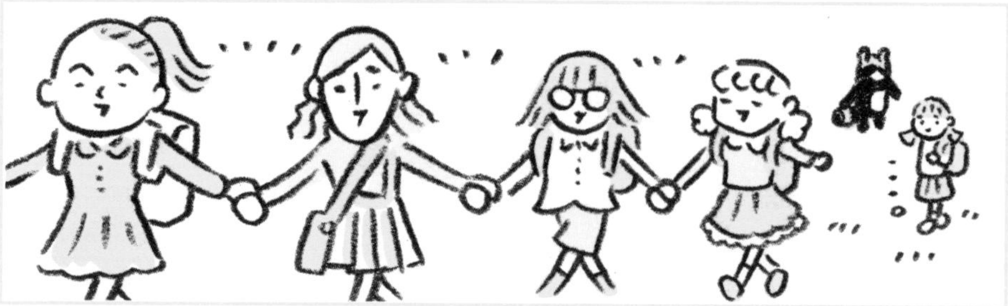

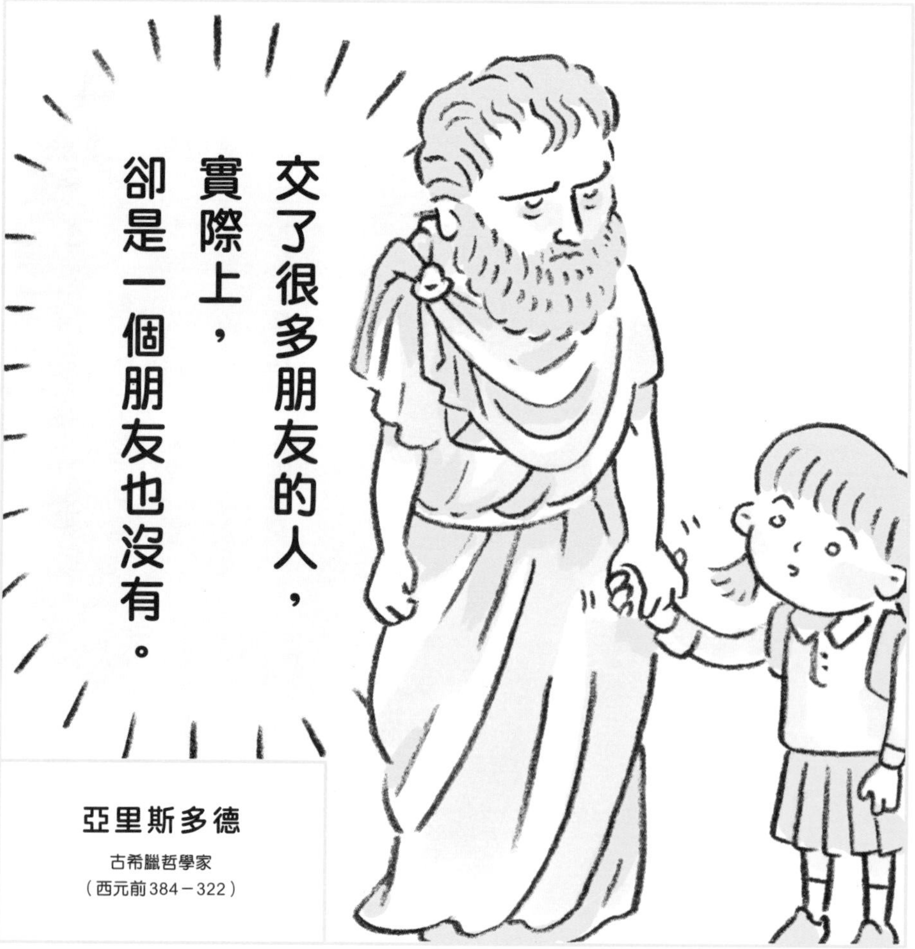
交了很多朋友的人，
實際上，
卻是一個朋友也沒有。

亞里斯多德

古希臘哲學家
（西元前384－322）

那位偉人也是這樣

沒有朋友，喜歡寂寞，靠著找尋植物療癒內心，後來成為了植物學之父

牧野富太郎

（1862－1957）

牧野富太郎被稱為日本的植物學之父，他發現了許多新品種的植物，並且為這些植物命名。他出生在高知縣富裕的商賈之家，父母親在他很小的時候就都過世了，於是他的奶奶便細心地養育他。不知道為什麼，小時候的他都交不到朋友，其他小朋友也常常捉弄他，都叫他「外國蚱蜢」。這是因為牧野富太郎瘦得跟皮包骨一樣，瘦巴巴的身體看起來就像一隻蚱蜢。沒有父親、母親，也沒有朋友願意跟他一起玩，這樣的孩子一定非常寂寞吧。牧野富太郎為了讓自己不要那麼地寂寞，於是開始做起最喜歡的植物探索。在一邊找尋植物一邊爬山的過程中，原本纖瘦的身體也變得愈來愈強壯。9歲時，他進入寺院私塾「寺子屋」接受教育，10歲時又到一間名為「名教館」的私塾讀書，並在小學時決定中途退學，之後便未接受學校教育，僅在家閱讀書籍。牧野富太郎在植物收集方面也愈來愈有進展，並且自學植物分類學。家中豐碩的財產也都用在他的植物研究方面。牧野富太郎一生留下了50萬件左右的標本、觀察記錄，以及眾多著書，還有一句相當有名的話：「世界上不存在叫做『雜草』的植物。」與植物當了一輩子的好友。

所謂孤獨，是更深入思考的好機會。擁有許多朋友，未必就是幸福。

美輪明宏，日本演員、歌手（1935－）

身為人啊，就會有相處不來的人。並不是任何人都能夠成為朋友的。

瑪麗・麥特琳，美國女演員（1965－）

想跟所有人都成為朋友的那個人，最後不會是任何人的朋友。

威爾翰・普菲弗，德國植物生理學家（1845－1920）

跟朋友吵架了……

請直接面對面，
把話說開。
因為，這是讓
生氣難過的
你們，與對方
和好的最好辦法。

亞伯拉罕・林肯
美國第16任總統
（1809－1865）

跟別人吵架了，卻還是坦率地為自己的過錯道歉的漫畫之神

手塚治虫

（1928－1989）

手塚治虫是日本漫畫界與動畫界的大神，他的父親是個漫畫狂，母親則是常帶著他去看寶塚歌劇或電影，在這樣的環境薰陶之下，開發了手塚治虫的漫畫家才能。在經歷重重困難以後，他成為一名人氣漫畫家，也開始挑戰製作動畫節目。那時，也有許多年輕又富有才華的漫畫家進入漫畫界。其中有一個人叫作石之森章太郎，他在這群漫畫家當中年紀最小，卻已經是一名炙手可熱的漫畫家。他的作品《假面騎士》的漫畫被翻拍成電視劇，這部關於變身英雄的特攝電視劇造成了一股風潮。某一次，手塚治虫批評石之森的作品《JUN》，表示：「那樣的作品不能算是漫畫。」石之森聽到這樣的評語後覺得非常難過，於是決定停止他在手塚治虫發行的漫畫雜誌《COM》的漫畫連載。後來，手塚治虫突然在半夜來到石之森的住處，向石之森鞠躬道歉，他說：「我自己也不曉得我怎麼會說了那樣的話。」也許，這是因為手塚治虫對於石之森打造出全新的漫畫世界感到有些焦急吧。他不希望自己在漫畫的領域裡輸給任何人，這樣的心情過於強烈，最後才會抨擊對方。但是，他最後還是冷靜下來反省自己的言行，坦率地道歉。

別懷抱著仇恨。如果不是什麼大不了的事情，那麼就坦率地主動道歉吧。

安德魯．卡內基，美國鋼鐵大王（1835-1919）

在吵架、不合等等的災禍當中，藏著和解、友情、親密的幼苗。

約瑟夫．墨菲，美國宗教家、作家（1898-1981）

要是無聊的吵架愈演愈烈，最後就會發生無法挽回的事。所以，早點跟對方和解吧。

伊索，古希臘作家（西元前7-6世紀）

啊！我剛剛發呆了
所以才沒看到你
被撞到了
也沒辦法

道歉時總愛找理由

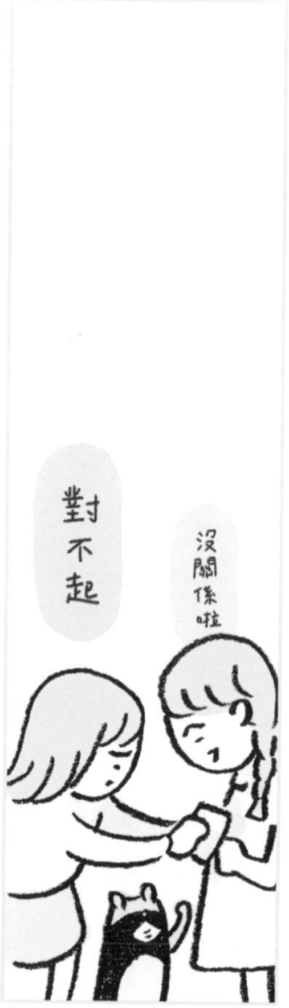
對不起
沒關係啦

別讓藉口糟蹋了你向人道歉的心意。

班傑明・富蘭克林

美國政治家、氣象學者

（1706－1790）

坦承過錯，
誠心賠罪，
會有意想不到的
獎勵喔！

亞伯拉罕・林肯

（1809－1865）

亞伯拉罕・林肯是美國第16屆總統，他發表的「民有、民治、民享」演說是一次相當有名的演說。林肯的一生中有許多的小故事，其中一件是關於他的正直。林肯身為開拓者之子，家境相當貧窮，父親也希望林肯可以工作掙錢，因此他幾乎沒有辦法到學校讀書。即使如此，林肯仍然自立自強學會認字，透過閱讀學習新知識。林肯沒有錢可以買書，所以他只能向別人借書來看。某一次，林肯向附近的叔叔借了一本喬治・華盛頓的傳記，但是就在林肯半夜熟睡時，這本書竟被下雨造成的屋頂漏水弄濕了。林肯當然沒有錢可以賠給人家，不僅如此，他甚至可能再也不能向對方借書了。林肯還是飛奔到那位叔叔的家裡，誠實地向對方道歉。而且，林肯還拜託那位叔叔讓自己留下來為他工作了3天，當成是弄濕書的賠禮。叔叔非常感動林肯誠實地道歉，不為自己的過錯找藉口，於是就把那一本書送給林肯。這一本書也成了林肯擁有的第一本書。

找藉口比說謊還要更差勁、可怕。因為，找藉口是為了掩飾謊言。

亞歷山大・波普，英國詩人（1688-1744）

「我不知道」這個藉口，只不過是為了抹滅責任罷了。

約翰・拉斯金，英國藝術評論家（1819-1900）

我們一旦失敗了，就會有四百萬個理由，只為了當成道歉的一個藉口。

魯德亞德・吉卜林，英國小說家、詩人（1865-1936）

不擅長與人成群結夥，怎麼樣都交不到朋友

話說昨天的考試啊
別說那個了
吉田變可愛了耶
咦？不是變胖了嗎

不能順利跟別人變成朋友。既然這樣，也沒什麼大不了的吧。
這世上並沒有規定你一定要加入某某人的圈圈裡喔。

松井秀喜

美國職棒大聯盟球員

（1974－）

那位偉人也是這樣

不與朋友成群結夥，做自己喜歡、擅長的事情

瑞秋・卡森
（1907－1964）

距今50多年前出版的世界級暢銷書《寂靜的春天》，是一本對於破壞自然環境的化學物質提出警告的著作。這本書的作者是美國的海洋生物學家，同時也是作家的瑞秋・卡森。她出生在美國賓夕法尼亞州，從小就喜歡在住家附近的森林裡及草原上觀察那些棲息的鳥類與昆蟲，以及小河裡的魚兒、花朵等等的動植物。母親會陪著她一起散步，並且仔細地告訴她每一種動植物的名稱。她的寶物盒裡收集了蝦子換下來的舊殼、漂亮的鳥類羽毛、色彩鮮艷的小石子等等。就這樣，在親近大自然的同時，她也學會了如何快樂地享受一個人的時光。或許也是因為個性本來就比較成熟，上學以後的她不曾與朋友出去玩耍，也沒有邀請朋友來家裡玩。瑞秋・卡森認為：「我不必勉強自己去迎合旁人的價值觀。我可以很認真地做我喜歡的寫作。」將全部的心力放在閱讀以及學習。這樣的她在長大成人之後，還是交到了很不錯的朋友，不論有什麼問題，朋友都會鼎力相助。

想成為無可取代的人，就要不同於他人。

可可・香奈兒
法國時裝設計師
（1883－1971）

人生何其短，可沒有閒工夫去應付無聊的人。

傑佛瑞・貝佐斯
美國亞馬遜公司創始人
（1964－）

希望擁有很多朋友、把泛泛之交當成知心好友、身旁要是沒有朋友陪伴就覺得侷促不安，那就證明自己正處於危險的狀態中。

弗里德里希・尼采
德國哲學家
（1844-1900）

明明討厭卻說不出「不要！」

該說「不」的時候就要勇敢說出口，這會為你帶來人生的幸福與和平。

塞謬爾・斯邁爾斯

英國醫師、作家

（1812－1904）

「不就是不！」這個人大聲勇敢地這麼說，於是改變了這個世界

馬丁・路德・金恩

（1929－1968）

馬丁・路德・金恩牧師是美國的民權運動領袖，他曾發表過一篇相當有名的演說「我有一個夢想」。演說當中提到：「我夢想有一天，我的四個孩子將在一個不是以他們的膚色，而是以他們的品格優劣來評價他們的國度裡生活。」馬丁・路德・金恩出生在許多黑人居住的亞特蘭大，此處為喬治亞州的首府，位於美國南部。當時，黑人受到嚴重的差別待遇。就讀高中時，擅長演講的他在辯論大賽中獲得了優勝。就在回程的長途巴士上，沉醉在優勝喜悅當中的他坐上座椅，就被司機訓斥：「你不能坐！位置要留給白人乘客！」當他不理會這樣無理的要求，保持沉默地繼續坐著時，依然被怒吼：「你這該死的傢伙！」所以他只能不甘願地離開座位。搭乘巴士的這5個小時，他氣得全身都在顫抖，心中又悔恨又生氣。「同樣身為人，憑什麼……」為了自己、為了所有人，他決定向不公不義的事情大聲說「不！」並且發起「非暴力」抗議行動，雖然數度被捕入獄，仍然在黑人解放運動上勇往直前。在1964年，美國國會終於通過了民權法案。

你就是你。即使在這幾十億的人類之中，你還是你。

松下幸之助，Panasonic創始人（1894-1989）

打從內心清楚地說出一聲「不」的價值，遠勝過為了取悅對方或嫌麻煩而說的一聲「是」。

聖雄甘地，印度政治領袖、律師（1869-1948）

被別人批評，
覺得很受傷
連單槓也不會玩，笨死了！
當有人說話傷害你時，就當成是學習忍耐及寬容的機會。
第14世達賴喇嘛
前西藏最高領袖
(1935-)

那位偉人也是這樣

因為別人說難聽的話而感到難過，於是化悲憤為力量，實現了夢想

赤松良子

（1929-）

赤松良子是一位政治家，為了男女工作平權付出了相當大的心力。良子出生在大阪府，父親是關西西洋畫壇的大師。良子在父親的極度寵愛下，養成了能與男孩子一起玩兵隊遊戲的活潑個性。在與小朋友玩耍時，良子因為力氣比其他人大，就被小男生嘲笑是「男人婆」，讓良子覺得非常受傷。良子心想：「怎麼可以因為自己輸了就（對男生、女生）有差別待遇呢……」內心非常不服氣。當時的這份不甘心，成了良子日後致力於改善女性勞動問題的力量。二戰結束以後，日本在１９４５年賦予女性參政權，對此相當感激的良子說服了父母親，進入津田塾專門學校學習英語以及女性權力。畢業以後，良子仍然沒有放棄她的想法，她希望可以改變根深蒂固的男女不平等，於是她重返校園，進入了東京大學法學部就讀。在通過入學考試的８００人之中，女性僅有４名。良子進入當時的勞動省，歷經重重困難，終於促使勞動省在１９８５年通過男女雇用機會平等法。從前內心受過的傷害成為動力，讓她最終達成目標。

自己不做同樣的事，就是最好的復仇方式。

馬可斯・奧理略・安東尼努斯，古羅馬帝國皇帝（１２１-１８０）

如果想要擁有一瞬間的幸福，那就報仇吧；如果希望獲得長久的幸福，那就選擇原諒吧。

亨利・拉科代爾，德國神學家（１８０２-１８６１）

我絕對不原諒某某人

與其一直想著那人背叛了自己，讓自己心中滋生滿滿的惡意，還不如想想你之前為他做了哪些好事，用那種好心情來讓自己內心舒服一些。
保健室
2年級
保健體育
北野武
日本喜劇演員、電影導演
（1947-）

那位偉人也是這樣

無法原諒的事就讓它過去，重新再出發

史蒂芬・賈伯斯
（1955-2011）

美國蘋果公司的創始人史蒂芬・賈伯斯有個非常有名的故事，那就是他曾經被逐出自己創立的蘋果公司，而且，將他逐出公司的人還是他特意挖角來的約翰・史考利等人。當然，他自己本身也有問題，他堅持己見，不肯聽他人的忠告，影響了公司的營運。賈伯斯沒想到自己會被解除公司職務，他形容「感覺就像被磚頭砸到頭一樣痛苦」，絕望的賈伯斯出售蘋果公司的股份，僅留下1股，再將出售股票的錢當成資金重起爐灶，創設NeXT電腦公司以及皮克斯動畫製作室。就在賈伯斯的新事業開始穩步發展時，業績愈來愈差的蘋果公司卻來詢問他是否願意再回來工作。賈伯斯很高興，卻也有些猶豫不決。最後，他決定不去回想從前發生的種種，讓蘋果公司收購了NeXT電腦公司，並且以非正式顧問的身分回歸蘋果公司。要是賈伯斯做出不同的選擇，也許iPhone或ipod、ipad等商品……不對，甚至是蘋果公司都有可能從這世上消失。賈伯斯選擇放下過去，往前邁進，讓自己更加地成長。

愈軟弱的人愈無法寬恕他人，因為寬恕是強者的證明。

聖雄甘地，印度律師、宗教家（1869-1948）

寬恕是一件好事，能夠遺忘更是如此。

羅勃特・白朗寧，英國詩人（1812-1889）

耿耿於懷自己所遭遇的不公不義，對自己百害而無一益。趕緊揮走仇恨，別讓自己萎靡不振，那才是最好的做法。

卡爾・希爾逖，瑞士法學家（1833-1909）

被人欺負捉弄，煩惱不已

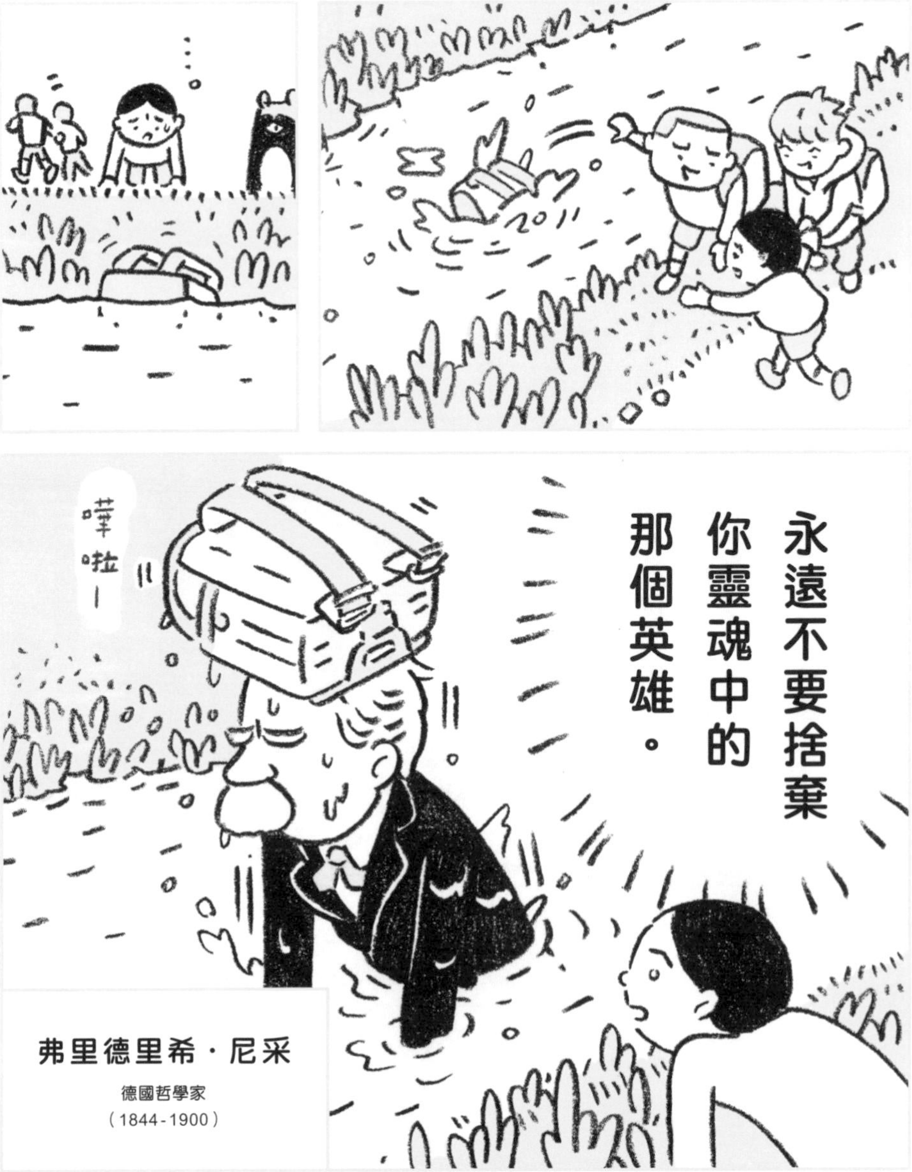
嘩啦—
永遠不要捨棄你靈魂中的那個英雄。
弗里德里希·尼采
德國哲學家
（1844-1900）

那位偉人也是這樣

被人捉弄的愛哭鬼鼓起勇氣反抗，於是建立起自信心

艾薩克・牛頓
（1642-1727）

英國科學家艾薩克・牛頓是萬有引力法則的發現者，然而小時候的牛頓在學校裡總是被人欺負，被人取笑是「膽小鬼牛頓、愛哭鬼牛頓」。這是因為牛頓被欺負時只會一直哭，不會出聲反擊。不僅如此，上課時被老師點名回答問題時，他也答不出來，成績屬於後段班。不過，牛頓很喜歡動腦思考並且自己動手做東西，所以他在手工製作方面都做得很好。有一天，牛頓在做一個小小的水車實驗時，小朋友都跑過來圍觀，結果有人說：「膽小鬼牛頓怎麼可能做出這種東西，這一定是別人做的。」其他的人也都起鬨：「對啊！對啊！」牛頓愈聽愈生氣，就在那一瞬間，他衝過去推倒了力氣最大的那個小朋友。從那一天開始，再也沒有人敢把他當成傻瓜了。「只要用力反抗，我也可能會贏。因為我不是膽小鬼。」只要鼓起勇氣，用行動表示「別再欺負我」，就可以看到強大的自己。建立起自信心的牛頓也開始用功讀書，畢業時的成績獲得了優等。

班級成員如何編排，與個人的意願完全不相干，所以沒必要拘泥現在與同班同學的關係。反正，你一定找得到與你志同道合的人。

土井隆義，日本社會學者（1960-）

看見心地壞的人也沒什麼好驚訝的，但看見他們恬不知恥的樣子，有時反而讓我吃驚。

強納森・史威夫，英國作家（1667-1745）

那些心地壞的人要是沒了可以捉弄的對象，肯定會覺得很寂寞。

谷崎潤一郎，日本作家（1886-1965）

被人霸凌，不知如何是好

鴻上尚史

劇作家、劇場總監

（1958-）

這個世界比你想像的還要更加遼闊。

絕對有個地方能夠讓你安身立命。

請你鼓起勇氣，勇敢地逃跑吧。

那位偉人
也是這樣

被人霸凌的經驗，使她成為一名理解他人痛苦的大人

女神卡卡
（1986-）

美國歌手女神卡卡是一位世界級的超人氣明星，但她從中學時期就開始被霸凌。卡卡生長在富裕的義大利裔家庭，就讀的學校也是貴族學校，但是卡卡卻被其他人當成怪胎。她的感情表現非常地豐富，說話方式也大而化之，特異獨行的髮型及服裝使她變得相當醒目，因此被周圍的人冷淡對待、冷嘲熱諷都是家常便飯，連學校的置物櫃也三天兩頭就被人塗鴉。一走出女校的校門，聚集在附近的男孩子甚至還把卡卡塞進垃圾箱。沒有人肯伸出援手，只是在一旁訕笑她，卡卡曾說：「我覺得很無力、很丟臉、很不甘心。」母親辛西婭則是一直給予卡卡支持。女神卡卡的代表歌曲《天生完美》的歌詞這麼寫著：「媽媽曾經告訴我：『只要妳喜歡這樣的自己就好……所以妳要勇往直前，繼續向前邁進』就算被霸凌，就算被戲弄，我也會接受我自己，喜愛我自己」現在，卡卡與母親一同成立基金會，幫助那些受到霸凌的人。

學校才不是那種即使有被霸凌的痛苦回憶還是堅持要去的地方。

西原理惠子，漫畫家（1964-）

請變得更強大。你的存在一定會成為某人的力量。那一天必定會到來。

石田衣良，作家（1960-）

你所需要的是了解這世界有多大。因此，與社會上形形色色的人來往，應該也是很重要的吧。

茂木健一郎，腦科學家（1962-）

給不喜歡讀書的你

別因為考了滿分就覺得驕傲。真正重要的不是把知識全部死記硬背下來，也不是按照老師教的東西寫出答案，

而是洞燭機先的洞察力。

比爾・蓋茲

美國微軟創始人、慈善事業家

（1955-）

那位偉人也是這樣

不喜歡讀書，還被趕出學校，從最喜歡的貝殼探索成為一名學者

愛德華・摩斯

（1838-1925）

你知道愛德華・摩斯嗎？他是美國的生物學家，還是一名專門研究貝類的專家。他曾經前往日本，發掘了日本的大森貝塚，為日本的人類學、考古學打下基礎。小學時，因為他總是沉醉在自己喜歡的事情上，無視其他的一切事物，經常翹課不在教室，所以學校的老師跟他說：「你不用再來上學了。」他的母親知道這件事後崩潰大哭，說：「老師怎麼可以叫你不去上學，太過分了！」父親則表示：「隨便你！」放任他不管。而他並不以為意，只是心想：「太棒了！這樣我就可以每天都去找我最喜歡的貝殼了！」後來，跟他一起找貝殼的同伴要他回去上學，於是他重新回到學校讀書，只是他仍然覺得上學很無趣。某一次當他在學校的桌子上惡作劇時，老師衝過來並且一把揪住他胸前的衣服，他伸出手反抗，結果卻打到了老師，於是再一次被趕出了學校。從那之後，他一邊工作，一邊靠著自學潛心研究貝類，並且發現了新品種的貝類，在生物學者之間開始有名氣。年輕的他成為了哈佛大學的助教，以學者的身分活躍於生物學界。一個人即使不喜歡讀書，但只要有自己醉心執著的事物，也能夠開拓出自己的人生。

不情願的讀書會損害記憶，也留不住背下來的內容。

李奧納多・達文西，義大利畫家、天文學家（1452-1519）

強迫之下的學習，沒有一樣能夠留在心中。

柏拉圖，古希臘哲學家（西元前427-347）

對我來說，
學校沒有任何
存在的理由。
只要有圖書館
與二手書店
就夠了。
二手書
司馬書店
二手書100元

司馬遼太郎

小說家

（1923-1996）

那位偉人也是這樣

即使對學校心生厭惡，轉學好幾次，仍然不放棄表達自己意見的藝術家

岡本太郎

（1911-1996）

應該有不少的小朋友都不喜歡上學吧？可能是因為討厭讀書，或是不喜歡老師、跟同學相處不來、不能乖乖遵守校規等等。日本藝術家岡本太郎小時候也是這樣。他的個性直接，覺得奇怪的事情就會直接說清楚。小學一年級時，老師問全班的小朋友：「有沒有人會用國字寫數字呢？應該沒有人會吧？」太郎很有精神地上台，在黑板上用國字寫下數字。結果，他只是搞錯國字「四」的筆劃順序，老師就罵他：「你為什麼要騙人說你會寫國字呢？」太郎在這之前閱讀了許多本書，所以他其實是用看的方式學會國字。太郎不想再跟這樣的老師學習知識，所以他過沒多久就不去學校上課，後來一共轉學了三次。一旦遇到他覺得不合理的規定，或是碰到世故、傲慢自大的老師，他都會非常抗拒。屢屢與學校、老師發生衝突之後，太郎自己也覺得很疲累、很受傷。他安慰自己：「不管如何，太陽還是會高高升起。」不過，他也沒做出任何違背本心的事。正因為這樣的經驗，才讓他成為一名有個性的藝術家。

所謂教育，就是把在學校學的一切都忘光之後還留下來的東西。

阿爾伯特・愛因斯坦，
德國諾貝爾物理學獎得主
（1879-1955）

所謂教養，是人們生存下去的力量。

馬修・阿諾德，
英國詩人、評論家
（1822-1888）

所謂知識，並不是指在學校學習的一切。而是要花一輩子去學習的東西。

阿爾伯特・愛因斯坦，
德國諾貝爾物理學獎得主
（1879-1955）

第 2 章

給因為失敗
而失落的你

ENGLISH SPEECH CONTEST

嘗試之後才發現「做不到」與一開始就說「做不到」，是兩碼子事。

鈴木一朗

日本旅美職棒大聯盟球員

（1973-）

那位偉人

也是這樣

即使失敗也沒有因此一蹶不振，以不屈不撓的精神發明出神奇的泡麵

安藤百福

（1910-2007）

只要注入熱水，等待三分鐘即可享用。劃世代的發明「泡麵」的開發者是來自台灣的企業家，也就是日清食品的創始人——安藤百福。安藤百福曾開展過各式各樣的事業，像是纖維業、引擎零件製造、製鹽業，並不是一開始就從事製麵類的工作。他目睹了日本戰後的糧荒，於是想嘗試將麵類以及營養的蔬菜等配料加入蓋飯，但因為沒有量產的技術，只能放棄這份構想。後來，他擔任理事長的信用合作社破產，身為保證人的他因此失去了所有財產。即使如此，安藤百福仍不氣餒。「只要想著這些經驗都會成為自己身體的一部分，就會湧現更多的勇氣。」他回想起從前，為實現自己的目標而潛心研究。就這樣，他成功發明出「日清元祖雞麵」。這款泡麵的食用方式很簡單，所以客人都非常喜愛。那時的安藤百福已經48歲了。不過，他並未因此滿足，而是繼續投入各種研究，開發出揚名全球的奇蹟泡麵。安藤百福經常鼓勵別人：「即使跌了一跤，也不能平白地跌倒。至少要抓一把土再爬起來。」

失敗之中必定有新的發現。最近的我開始期待起失敗。

田中耕一，諾貝爾化學獎得主（1959-）

失敗了又如何？從失敗中學習，然後再次挑戰，那不就好了？

華特・迪士尼，美國動畫師、企業家（1901-1966）

打起精神。你要想的不是今日的失敗，而是明天可能來到的成功。

海倫・凱勒，美國社會福利運動家（1880-1968）

明明都那麼努力了，卻還是失敗

耐力長跑大賽

人生最大的光榮並
不是從未失敗，
而是每次
跌倒之後
都再次爬起。
奧利弗·
戈爾德史密斯
英國詩人
（1728-1774）

那位偉人也是這樣

即使沒獲得學會的認可，仍不氣餒地繼續研究，最後終於獲得諾貝爾獎

湯川秀樹
（1907-1981）

湯川秀樹是日本第一位諾貝爾物理獎得主，從小就喜歡安安靜靜地一直看書。起初他很喜歡數學，可是很抗拒必須照著老師說的答案來作答，因此對數學失去了興趣。後來，他又對物理產生興趣，京都大學畢業以後，他進入研究室擔任助手，卻遲遲沒有研究成果，為此焦慮了很長一段時間。有一次，他突然有了關於基本粒子的靈感，並透過計算證明這項理論是正確的。他很開心，覺得「終於可以發表論文了」，結果學會方面卻沒有任何的反應。當時的物理學以歐美為中心，不屑一顧此外的任何研究成果。他雖然感到相當失望，卻還是振作起來持續投入研究。也許，是因為他相信花費在研究上的時間、熱情以及努力所得出的理論，絕對可以得到認可。在這個領域當中，還有其他的物理學者也投入研究，並且證實了湯川秀樹的理論。於是，湯川秀樹獲得邀請，參加了活躍於第一線的科學家齊聚一堂的國際會議，他所提出的理論終於得到全世界的認可。自他開始撰寫論文以來，已經過了四年以上的歲月。

我們最大的弱點就是輕言放棄。追求成功最有效的方法，就是不斷地再試一次。

湯瑪斯・愛迪生
美國發明家、企業家
（1847-1931）

即使是失敗了9次，也收獲了9次的結果。

第14世達賴喇嘛
前西藏最高領袖
（1935-）

再怎麼糟糕的事，也會一直轉往好的方向。

路德維希・范・貝多芬
德國作曲家、演奏家
（1770-1827）

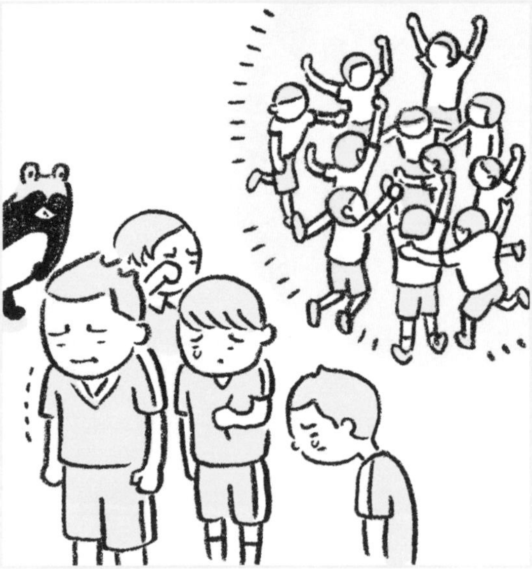

難過得想哭，那就哭吧

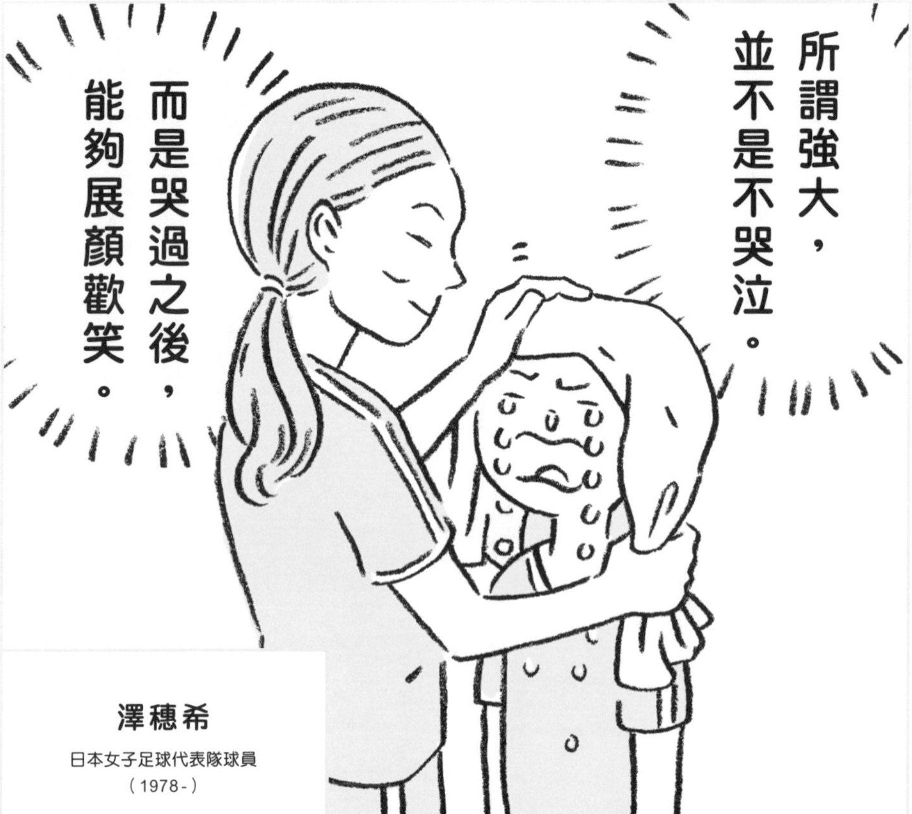
所謂強大，
並不是不哭泣。
而是哭過之後，
能夠展顏歡笑。

澤穗希

日本女子足球代表隊球員

（1978-）

那位偉人
也是這樣

想哭的時候就盡情哭泣，走在自己所期望的道路上，成為留下不朽名作的文學家

宮澤賢治

（1896-1933）

宮澤賢治是日本兒童文學作家，留下了許多著名的文學創作。他出生在岩手縣代代經營當鋪的有錢人家，從小就非常善良，對於他人的痛苦能夠感同身受。他很討厭這種讓窮人典當物品然後借錢給他們的買賣，所以經常與父親起衝突。妹妹宮澤敏比他小兩歲，非常尊敬這樣的哥哥，經常為他加油打氣。賢治既不肯繼承家業，中學畢業後也整天無所事事，他的父親看不慣他如此，便同意他進入農業學校讀書，賢治非常雀躍欣喜，因此相當努力用功。農校畢業以後，他未遵守先前與父親說好了繼承當鋪的約定，離家出走前往東京。他一邊參加宣揚法華經的活動，一邊拼命地創作兒童文學，但他卻接到了妹妹生病的消息……。優秀的敏才剛成為一名英文老師，開始工作不久而已。賢治回到家中，一邊教書一邊專心照顧妹妹。只是天不從人願，敏最後還是病逝了。據說，敏過世之後，他躲在棉被裡痛哭了一場。一年半以後，從悲傷中重新振作的他將全部精力投入創作，出版了許多故事書。然後，他也辭去教師的工作，並且實踐了自己理想中的農民生活。

別害怕哭泣。因為流淚是為了帶走內心的傷痛。
美洲原住民霍皮族的諺語

默默承受才是最難受。盡情地痛苦呻吟，放聲大喊，放聲痛哭，就能減少一點苦痛。
正岡子規，俳句創作者、和歌創作者（1867-1902）

哭泣也是一種快樂。
米歇爾・德・蒙田，法國哲學家（1533-1592）

找不到出口，該怎麼辦

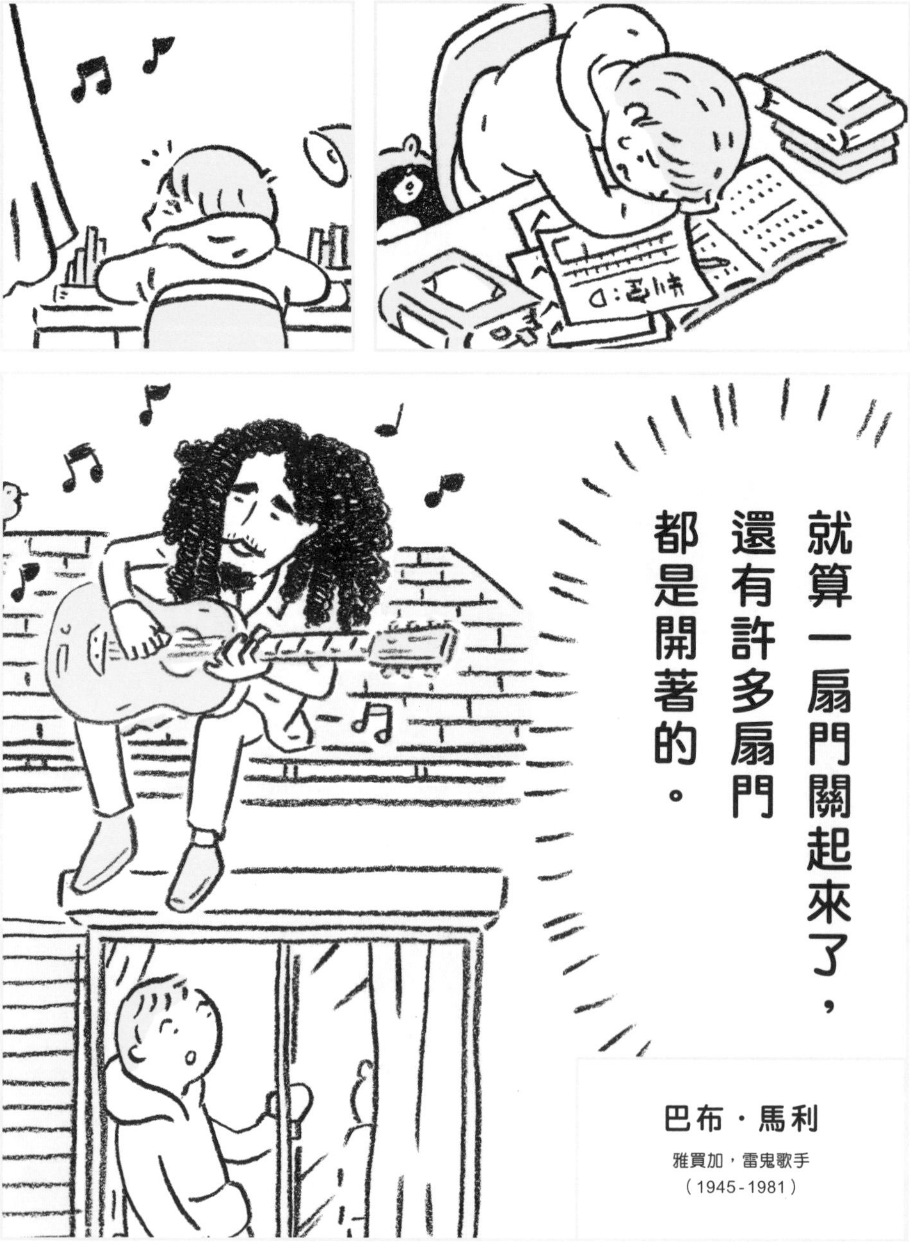
就算一扇門關起來了，
還有許多扇門
都是開著的。
巴布・馬利
雅買加，雷鬼歌手
（1945-1981）

那位偉人
也是這樣

找不到出口的，只有自己的心

上杉謙信
（1530-1578）

日本戰國時代治理越後國的上杉謙信，幼年時因為出家修行而被寄養在寺院裡。他很討厭念經，好幾次都從寺院逃跑，因為他一心一意只想學習戰術，變得更加強大。他對和尚說：「我不想要當沙彌，我想要去打仗。」和尚則對他說：「一下子就想逃跑的傢伙，是不可能上戰場打仗的。」接著，和尚又問他：「當你被關在沒有出口的牢籠裡，你該怎麼做才出得去呢？」謙信回答：「沒有出口就不可能出得去。」和尚聽了之後便說：「沒有慧根。還是別那麼快出去吧。」謙信想像自己在牢籠裡漫無目標地尋找出口的模樣，覺得還是找不到出口。結果，和尚揪著他胸前的衣領，一把把他拽了過來，說：「你覺得出不去，是因為你沒想過要出去。別再自己打造出一座實際不存在的牢籠，還一直認定你走不出去。」謙信恍然大悟，原來就是自己的心造成這樣無可奈何的情況。他領悟到只要有心從出口離開，那麼無論何時都走得出去。

若想要獲得新的發想，首先你要傾聽別人說話。

本田宗一郎，本田技研工業創始人（1906-1991）

如果不能順利地前進，試著繞點遠路也無妨。

玫琳凱．艾施，美國企業家（1918-2001）

人生的道路有千千萬萬條。

坂本龍馬，日本幕末時期的土佐藩鄉士（1836-1867）

真正的敵人就是自己。

阿比比．比基拉，衣索比亞長跑運動員（1932-1973）

不安是因為你想得太多

我活了很久。這大半輩子以來有許多的不安，但現實當中幾乎不曾發生過。

馬克・吐溫

美國作家

（1835-1910）

那位偉人也是這樣

即使內心忐忑不安，還是要專注在應該做的事情
這麼一來就能消除那些不安

奧黛麗・赫本

（1929-1993）

英國電影女演員奧黛麗・赫本曾夢想成為一名芭蕾舞者。但由於戰爭時糧食短缺使她的體格長得不夠好，身高也過高，所以老師告訴她應該無法成為芭蕾舞者。奧黛麗聽了以後受到相當大的打擊，差點暈了過去。後來，家境貧困的她為了養家餬口，開始在電影及舞台劇中演出配角。這時，法國的知名作家西多尼・科萊特正在尋找舞台劇《金粉世界》的女主角。在某個彩排現場，科萊特偶然看見奧黛麗的身姿，決定提拔她成為女主角。奧黛麗不曾接受過唱歌或歌劇訓練，距離公演的時間愈來愈接近，她還是沒辦法表演得非常理想，不管是周圍的人還是她自己都感到惶惶不安。奧黛麗心想：「我真的害怕得不得了，要是搞砸了該怎麼辦？但是，只能做下去了。」於是她只專注在舞台劇的排練，日以繼夜地埋頭苦練。當舞台的布幕拉起時，站在舞台上的奧黛麗已經完全進入琪琪（Gigi）這個角色，她的第一部主演舞台劇《金粉世界》大獲成功。就這樣，奧黛麗走上了頂尖女演員的道路。

再怎麼擔心也不會發生的事情，不去擔心才是聰明的。

武者小路實篤，小說家、詩人（1885-1976）

我從來不去想未來的事。因為未來很快就會來了。

阿爾伯特・愛因斯坦，德國物理學家，諾貝爾物理學獎得主（1879-1955）

悲慘大概就是忐忑不安地想著未來的事，明明不希望不幸，卻終究不幸的心。

盧修斯・阿奈烏斯・塞內卡，古羅馬政治家、哲學家（西元前1左右~西元65）

偶爾丟掉覺得徒勞無功的想法

要是覺得那是徒勞無功的事而不去做，
就不會有所成長。
你在做什麼？
我在特訓我的左手
鈴木一朗
日本旅美職棒大聯盟球員
（1973-）

我靠左手特訓來集中注意力
94
成績就變好了！
真假!?

那位偉人
也是這樣

收起營運順利的公司，整日遊手好閒，其實是為了仔細瞧瞧這世界如何改變

本田宗一郎
（1906-1991）

本田宗一郎打造了聞名全球的本田公司。他出生在靜岡縣經營鐵鋪的人家中，從小就很聰明伶俐，甚至還會用鐵鋪裡的材料做成玩具。小時候的宗一郎是個搗蛋鬼，有時會惡作劇，把大人弄得很頭疼，但他不會耍小手段，所以在小朋友之間很受歡迎。最後，他靠著毅力以及天賦，開了汽車修理工廠、零件發明及開發的公司。另一方面，他的心中也一直深深希望有一天可以製造汽車。就在二次世界大戰結束以後，一直順利經營著引擎零件公司的本田宗一郎突然宣布：「我不做了！」然後賣掉公司，開始過著吃喝玩樂的生活。有時下將棋，有時和朋友到街上喝喝小酒。他與那些為了及早因應時代潮流而手忙腳亂的經營者完全相反。面對擔心他的人，他說：「我這是在觀察世界的走向。」絲毫不以為意。然後過了一年，他成立了本田技術研究所。有時，試著去做做看那些徒勞無功的事之後，就能看清楚自己應該怎麼走。

拘泥於效率以及得失，人類就不會變得偉大。

齋藤茂太，
精神科醫生、散文家
（1916-2006）

只顧著追求效率及產能，就難以有新的發想。我們也應該從無益的事或吃喝玩樂當中找出價值。

森正弘，
機器人科學家、工學博士
（1927-）

當我們還年輕時，那些徒勞無功的事都是養分。

野茂英雄，
日本旅美職棒大聯盟球員
（1968-）

學習忍耐

瞬間的成功，
需要長期的準備。
冒險必備的是忍耐，
而不是勇氣。

三浦雄一郎

專業滑雪者、登山家

（1932-）

那位偉人

也是這樣

靠著忍耐創造了長達300年的太平盛世

德川家康

（1543-1616）

建立江戶幕府的德川家康，人生就是一連串的忍耐再忍耐。他出生在三河國一戶勢力薄弱的大名之家，2歲時便與生母分離，5歲時成為織田家的人質，7歲到18歲時被迫在今川家底下過著不自由的生活。後來今川義元被織田信長打敗，家康終於成為自由之身。不過，生在亂世之中的家康只不過是個弱小的大名，於是他又成為織田信長的臣下。甚至還發生了正妻及長子遭織田信長殺害的悲劇。但他還是咬著牙，默默忍耐。後來，家康逐漸累積勢力，成為稱霸天下的大名。當他在大坂夏之陣當中消滅豐臣家，完成天下統一時，已經71歲了。恰如他所說的：「人的一生，有如負重遠行。」能有這一份「忍耐力」，都要歸功於家康長久身為人質的生活。據說，也是因為長期遭到敵人圍困，讓家康培養出識人能力，分辨出誰才是真正可以信任的人。正因為他絕對不會背叛信任他的人，才能換得眾多家臣的追隨，建立起太平盛世。

能夠忍耐的人，就能獲得想要的東西。

班傑明・富蘭克林，
美國政治家、氣象學者
（1706-1790）

因為有大家的忍耐，才能創下我至今為止的記錄。

王貞治，
專業棒球選手、球隊總教練
（1940-）

一個優秀的人，不論遭遇何種不幸痛苦的境遇，仍會默默地承受。

路德維希・范・貝多芬，
德國作曲家、演奏家
（1770-1827）

遭遇難關時的思維模式

人類最大的優點，
就是會跨越苦難，
然後抓住喜樂。

路德維希·
范·貝多芬

德國作曲家、演奏家
（1770-1827）

14歲成為露宿街頭的遊民，是詩與昆蟲觀察支持著他辛苦的生活

尚-亨利・法布爾
（1823-1915）

法國名作《昆蟲記》的作者尚-亨利・法布爾家境貧窮，從3歲開始就被寄養在祖父母家中。因此，他擁有那些在附近的森林或牧場與許多昆蟲玩耍的快樂回憶。7歲時，法布爾被父母親帶回家，去上小學。由於家境貧困，勉勉強強才讓法布爾上學到14歲，父親跟他說：「我已經沒辦法再養你，以後你只能自食其力了。」然後就把他逐出家門。隔天，法布爾便開始了沒有家、沒有錢的生活。他靠著自己工作賺來的微薄工錢餬口，露宿在大街小巷。觀察動物所培養出的「獲得知識的喜悅」支持著法布爾。工作的閒暇之餘，他發現了雲斑鰓金龜，那是一種很漂亮的昆蟲。他說：「就像在暗無天日的生活之中，灑進了一抹陽光。」他用寥寥無幾的錢買下的詩集也成了他心靈的營養劑。有一天，法布爾看見師範學校招募公費生的廣告，住宿費、伙食費以及學費皆由學校負責。他順利地通過入學考試，逃離了地獄般的生活。這樣的經驗使法布爾培養出不屈不撓的強大內心，成為他歷時數十年完成《昆蟲記》的動力來源。

那些不能殺死我的，都使我更強大。

弗里德里希・尼采，德國哲學家（1844-1900）

所謂人生的經驗，就是那些能讓你化悲憤為力量，然後有所成長的教訓。所以，沒有什麼真的很糟糕的事。

蘇珊・薩默斯，美國女演員、作家（1946-）

不論情況演變得如何，人類仍會保留著唯一的自由。那就是決定如何行動。

維克多・弗蘭克，奧地利精神科醫師（1905-1997）

再後悔也於事無補

我還是想讀私校。要是我可以讀私校就好了。這樣一來……

別回頭看。
不要回頭看。
你的身後並沒有夢想。
禮讓行人

寺山修司

劇作家、和歌創作家

（1935-1983）

那位偉人

也是這樣

要是沒有戰爭、
要是沒有過敏
就好了……
不去後悔這些，
於是他成了頂尖球員

諾瓦克・喬科維奇

（1987-）

職業網球界的選手諾瓦克・喬科維奇出生在塞爾維亞。在他1歲時，爆發了科索沃戰爭，塞爾維亞的首都貝爾格萊德受到空襲。他在一片漆黑之中跑向防空洞，不小心腳滑而摔了一跤。當他轉身要爬起時，看見了頭頂正上方飛來了戰鬥機，戰鬥機的機腹已開啟，準備發射飛彈。之後發生的事情，讓他至今無法忘懷。6歲時，他看見網球選手皮特・山普拉斯的身影，覺得相當感動，立志成為一名網球選手。網球教練很快就看出他的天賦，於是悉心指導喬科維奇打網球。

後來，他在19歲左右嶄露頭角，卻開始在很重要的場合上過敏發作。他不知原因為何，其他的選手也帶著奇怪的目光看著他。

在因緣際會之下，才發現是麵粉當中的麩質所引起的過敏。要是沒有當時的戰爭，要是沒有發生過敏，也許他就能創下與羅傑・費德勒並駕其驅的戰績。

不過，他並不後悔。因為戰爭，他知道了什麼是重要的事；因為過敏，讓他知道了食物與身體、心理的關聯。

人生不能往後退。所以，你只有往前進，不用想著要後退。人生就是一條單行道。

阿嘉莎・克莉絲蒂，英國作家（1890-1976）

絕對不能被後悔困住。馬上告訴你自己，後悔就是在最初的愚蠢上再添加另一份愚蠢。

弗里德里希・尼采，德國哲學家（1844-1900）

別讓過去的事困住你的心。

拿破崙・波拿巴，法國政治家（1769-1821）

即使現在再悲傷，也一定會好起來的

再怎麼悲傷痛苦，時間也一定會治好它的。因為時間就是傷心最好的解藥。

瀨戶內寂聽

小說家、尼僧

（1922-）

那位偉人

也是這樣

飛來橫禍，
以致半身不遂。
卻因禍得福，
成為輪椅網球界的
世界王者

國枝慎吾

（1984-）

有個記者曾經這麼問職業網球界的傳奇——羅傑・費德勒：「您覺得為何日本沒有世界級的網球選手呢？」結果費德勒回答：「你在說什麼？不是已經有了嗎？那就是Shingo Kunieda啊。」

他說的就是國枝慎吾，2007年時達成史上第一座的輪椅網球男子單打大滿貫。後來的10年間，他一直是保持著世界排名第一的絕對王者。國枝慎吾在9歲時因為脊髓腫瘤導致半身不遂，開始了坐在輪椅上的生活。他非常喜歡運動，個性活潑，有著能在運動會上大出風頭的優秀運動神經。然而，突然之間卻再也無法行走……這會是怎樣的心情啊。不過，他的個性天生樂觀，即使覺得行動有些不便，他還是跟對待他不變的朋友一起玩耍，一邊習慣坐在輪椅上的生活。小學6年級的時候，母親推薦他打網球，於是他一頭栽進網球的世界。天生不服輸的個性讓他在雅典帕拉林匹克運動會上獲得了金牌，以一名職業網球選手的身分向前邁進。現在的他仍然將「我是最強的」銘記於心中，奔向下一面獎牌。

時間會減緩一切的悲傷。

馬庫斯・圖利烏斯・西塞羅，
古羅馬政治家
（西元前106-43）

每個悲傷都有意義。有時是你意想不到的。不論多麼悲傷的事，都是無比的珍貴。

艾拉・惠勒・威爾考克斯，
美國作家、詩人
（1850-1919）

忙碌使人忘卻悲傷。

喬治・戈登・拜倫，
英國詩人
（1788-1824）

任何時候都能重來一次

我再也不想游泳了!
游泳教
…

只要轉個念頭，重新再來一次就好。為此多耗費的1、2年，都不算什麼。

本田宗一郎

本田技研工業創始人

（1906-1991）

那位偉人

也是這樣

原本想當歌唱家，挑戰好幾次還是沒成功，最後靠著最喜歡的創作，成為成功的童話作家

漢斯・克里斯汀・安徒生

（1805-1875）

丹麥作家安徒生起初並非想成為一名作家，而是夢想成為歌劇演員。當時，位於首都哥本哈根的丹麥皇家劇場裡，有位知名歌劇演員，叫做希爾夫人。安徒生希望能請希爾夫人看看他的歌唱及舞蹈能力，於是他在14歲時離開家鄉，來到哥本哈根。然而，當他唱完一首歌之後，希爾夫人只說了一句：「已經夠了，你還是回去吧。」便叫安徒生離開。安徒生又去拜訪其他的劇場作家以及相關人員，卻沒有任何人理會他。後來，他終於找到一名音樂學校的老師為他上課，換來的卻是殘酷的評語：「憑你的聲音沒辦法當歌劇演唱家，還是回你的故鄉吧。」安徒生不想放棄夢想，於是他進入芭蕾舞學校認真學習芭蕾舞。只是，夢想的嫩芽同樣尚未萌發就被迫停止生長。即使如此，他仍然不氣餒，決定要轉換跑道。「既然演戲這條路行不通，那就當作家吧。我的故事創作不是挺好的嗎？我就來寫舞台的劇本，讓它被搬上舞台吧！」於是他開始不停地將自己的創作送往劇場。就這樣，他的小說《即興詩人》終於獲得好評，並以作家的身分得到認可，後來更被稱為「童話之王」。

成為「你想要成為的自己」，永遠都不會太晚。

喬治・艾略特，英國作家（1819-1880）

在這宇宙之中只有一個角落能被你改變，那就是你自己。

阿道斯・赫胥黎，英國作家（1894-1963）

立定志向永遠都不嫌晚。

斯坦利・鮑德溫，英國政治家、企業家（1867-1947）

絕對不輕言放棄！

永不放棄的人不會輸給任何人。

貝比・魯斯

美國職棒大聯盟球員

（1895-1948）

那位偉人也是這樣

升學不利、就職不順，經歷一次次失敗，卻永不放棄的世界首屈一指資產家

馬雲

（1964-）

出生在中國杭州一戶貧窮人家的馬雲，如今是全球最大電商「阿里巴巴」的創始人，也是全球頂尖富豪之一。如今這樣風光的馬雲，中學時竟然連三流學校都上不了，只能就讀四流的學校。他在考高中時失敗兩次，就連考大學也二度失利，在當了三屆的重考生之後，仍然只考上一所默默無名的大學。大學畢業後找工作，他試著去考警察，然而全部的考生只有他一個人不合格。他應聘了30間以上的公司，卻沒有通過任何一間公司的面試。不過，馬雲有個強項，那就是英語能力。他從小就非常渴望學習英語，卻沒有錢上英語補習班。所以他跑到附近的飯店大廳，主動與歐美旅客攀談，並且免費當他們的嚮導，透過這樣方式磨練英文能力。據說，他有9年的時間都像這樣跑到飯店練習英文。因為這樣，他終於找到英語補習班的工作。後來馬雲因為工作的關係前往美國參加研修旅行，他在那時遇見了網路這個產業。他在創立阿里巴巴之前一共開過40間公司，卻都失敗。創業本身伴隨著風險，並不是每個人都做得到，更何況是開了40間公司。馬雲的忍耐力實在是令人嘆為觀止。他的名言是「輕言放棄才是最大的失敗」。

不要輕言放棄。放棄一次以後，就會成為習慣。

齋藤茂太，精神科醫生、散文作家（1916-2006）

別在中途放棄。不然，你所失去的就會遠遠多過於你所得到的。

路易·阿姆斯壯，美國音樂家、歌手（1900-1971）

當事情沒有成果時，你會以怎樣的心境自處呢？絕不放棄的態度，才是開花結果的契機。

鈴木一朗，日本旅美職棒大聯盟球員（1973-）

第 3 章

順利與人相處的
思維模式

給想要與朋友和睦相處的你

覺得生氣或是
想要說些什麼時，
就先數到10。
如果這樣
還不能減少怒氣，
那就數到100吧。還是
不行的話，
那就數到1000。
1
2
3

湯瑪斯・傑佛遜

美國第3任總統

（1743-1826）

那位偉人

也是這樣

忽略對方的缺點，認同彼此的優點，成為朋友的二人打造出世界級IT企業

謝爾蓋·布林
賴利·佩吉

皆為（1973-）

網際網路搜尋引擎公司「GOOGLE」成立於1998年，如今已是全球最具影響力的IT企業之一。創始人為謝爾蓋·布林、賴利·佩吉。二人在創業前3年才相識。當時，賴利參加了史丹佛大學研究所的招生導覽，已經是研究生的謝爾蓋則是那一次的導覽員，二人對於彼此的第一印象都是「討人厭的傢伙」。不過正因如此，也給彼此都留下了深刻的印象。謝爾蓋從俄羅斯移民到美國，是一位數學天才，而賴利則是畢業於密西根大學的電腦天才，二人的性格也是南轅北轍。謝爾蓋雖然不擅長與初次見面的人相處，但還是能正常地與對方談話；而賴利缺乏社交性，不曾主動地與人攀談。這樣的兩人在搜尋引擎這個共同項目上互相協助，進而創業。現在，二人有時仍覺得對方是「討人厭的傢伙」，卻都非常敬佩彼此的能力、在求知方面的旺盛好奇心，以及對於工作的熱情。這是因為他們認可彼此的優異之處，不去關注對方的缺點。

要是你無法對別人的小缺點睜一隻眼閉一隻眼，你們的友情就不會長存。

尚·德·拉布魯耶，法國作家（1645-1696）

要是指責朋友的缺點，那麼你在這世上大概不會有朋友。

高見順，日本小說家（1907-1965）

至今不曾與他人為敵的人絕對沒有朋友。

阿佛烈·丁尼生，英國詩人（1809-1892）

一個人若是擅長與人交際，代表他有著一顆寬恕的心。

羅伯特·佛洛斯特，美國詩人（1874-1963）

那是啥？
長的好怪喔
外星人……
好奇怪喔～

小柴昌俊
諾貝爾物理獎得主
（1926-）
就算100個人之中有99個人都這麼說，還是會有1個人是正確的。

不在乎別人的評價，一心一意地做出自己滿意作品的偉大雕塑家

奧古斯特・羅丹

（1840-1917）

法國著名的雕塑家羅丹在生前一直都無法讓他的作品得到世人的理解。這是因為漂亮又精緻的雕刻作品是當時的主流風格。後來，他初期的作品「青銅時代」終於得到賞識，文藝家協會聽聞之後，便將法國大文豪奧諾雷・德・巴爾札克的紀念雕像委託給羅丹製作。羅丹先是反覆拜讀巴爾札克的著作，接著又前往他的出生地，深深思考巴爾札克會是怎樣的一個人，重複修改了好幾次以後才完成了這座雕像。最終完成的紀念雕像，是穿著一襲長睡袍的巴爾札克在臥房內來回走動，一邊抬著頭思考小說內容的模樣。世人看見這座雕像以後，都批評「太難看了！」、「成何體統！」，就連文藝家協會也以「這是侮辱巴爾札克」為由拒絕收件。羅丹態度堅決地說：「如果不與這世界同流合汙，永遠都會發生這樣的事。但這實在太奇怪了。就算全世界都群起反對，我也會對這座巴爾札克負起責任。」後來，他接受委託為國立美術館的大門設計雕塑，於是有了「地獄之門」，這件雕塑作品耗費長達23年的製作時間，最後仍然未完成。

「要是這麼做，就會那樣……」究竟有多少人是因為這樣愚蠢的情感，連想做的事都沒完成就死去了呢。

約翰・藍儂，英國音樂家、前披頭四成員（1940-1980）

我不在意別人怎麼想，因為我就是我。我只是在走我自己的道路。

奧黛麗・赫本，英國電影女演員（1929-1993）

不去在意周圍的評價，是一種力量，同時也是幸福的根源。

伯特蘭・羅素，英國哲學家、數學家（1872-1970）

咦~你要回家了喔？
來看漫畫
好、好啊
希望所有人
都喜歡自己
欸~過來啦~
過來玩躲避球嘛~
好、好啊……
只是因為想被人喜歡，而在任何時候、任何事情上都選擇妥協，這樣的心態是做不成任何事的。

瑪格麗特・柴契爾

英國前首相

（1925-2013）

那位偉人

也是這樣

行動不是為了討好別人，而是重視自己想要做的事

瑪格麗特·柴契爾

（1925-2013）

人稱「鐵娘子」的柴契爾夫人是英國的前首相。她父親的家境並不好，因此休學以後一邊工作一邊存錢，最後自己開了一間店。之後又靠著自己勤奮向上的努力學習，當上了市議會議員、議長。據說，柴契爾夫人會與父親一同到圖書館借書，二人經常一起讀書。當二人聽到廣播裡的新聞時，也會提出意見，互相討論。青春期以後受到同儕的影響，她跟父親表示想跟朋友出去玩，而父親總是這樣回應：「好好想一想自己是不是真的想這麼做，再來做決定。絕對不可以只是因為別人這樣子做，所以妳就做出這樣的決定。」耿直地照著自己的感覺行動，有時可能會與周圍的人起衝突。話雖如此，父親仍然時常教誨她「絕對不能隨波逐流」。後來，即使柴契爾夫人飽受周遭的批判也不輕易妥協，正是因為父親的諄諄教誨深植於她的心中。若總是為了討好別人而行動，總有一天一定會迷失了自己。

比起讓別人喜歡這個用謊言包裝的你，讓他們討厭真正的你，不是更好嗎？

安德烈·紀德，法國小說家（1869-1951）

愈是想要討好眾人，就愈不受人深愛。

司湯達，法國小說家（1783-1842）

你應該慶幸那些愚蠢的人討厭你，因為被他們喜歡是一種侮辱。

菲利克斯·勒克萊克，加拿大詩人（1914-1988）

總是很在意自己的缺點

笨手笨腳的還比較好呢。要是笨拙得能讓人笑出來，反而是件快樂的事，不是嗎？

岡本太郎

藝術家

（1911-1996）

雖然個性很內向，但後來將這份經驗畫成漫畫。一位發揮自己缺點的世界級漫畫家

查爾斯・舒茲

（1922-2000）

有個人在小時候很內向，動不動就覺得害羞，他很不擅長與別人交談，不會主動找人說話，也不會跟別人親切地對話，總是一個人在畫畫，他的名字是查爾斯・舒茲，是美國的連載漫畫《史努比》的作者。他很會畫畫，所以高中畢業以後便將自己畫的漫畫拿到雜誌社投稿，但投稿的漫畫並沒有被採納。不過，幼兒園時老師曾經對他說：「以後你或許會變成一個畫家喔。」這句話一直支持著他，並帶領他走向成功。倒楣透頂卻絕對不傷害其他人，溫柔又認真的主角「查理・布朗」、喜歡天馬行空地幻想的寵物狗「史努比」、好強又愛抱怨的「露西」等等，一個又一個充滿魅力的人物及動物粉墨登場，據說漫畫《史努比》就是他以那些曾經捉弄、欺負、排擠他的人為靈感的創作。或許這是個性成熟的他仔細觀察周圍的人物而來。他以幽默的方式畫出可能在任何一個地方都會存在的人物、都會發生的事情，有時還用點嘲諷的手法描繪出的這個故事，至今仍深受全世界的喜愛。

把缺點反過來看，往往都會是優點。

德富蘆花，日本小說家（1868-1927）

在人類種種愚蠢的行為中，最愚蠢的就是要求別人完美。

司馬遼太郎，日本小說家（1923-1996）

再偉大的藝術家，最初也只是個平凡人。

拉爾夫・沃爾多・愛默生，美國哲學家、著作家（1803-1882）

試著認真聽聽別人的話

戴爾·卡內基

美國作家、教育學者

（1888-1955）

那位偉人也是這樣

因為認真傾聽別人說話，不論在工作或是自身都有顯著的成長

馬克・祖克柏

(1984-)

Facebook創辦人祖克柏開始創業，是在他就讀哈佛大學二年級時。他出生在富裕的家庭，畢業於精英升學學校。從進入大學之後，便一直有傳言稱他是個天才。同時，他總是自顧自地說著自己想講的話，所以也給人宅男的印象。祖克柏大學時偶爾會與其他3個室友聚在房間裡，3名室友說，當他們在聽祖克柏滔滔不絕地談論電腦時，都會被他的魅力所吸引，而當祖克柏一有新的想法時，也會要他們積極地發表意見。然後，祖克柏會靜靜聽完別人說的話，若是有意義的話題，他就會開始講表達自己對於這件事的想法。雖然他看起來很內向，但侃侃而談的樣子都會讓第一次見到他的人覺得驚訝。後來，Facebook終於以企業的形式開始營運，有許多投資者、收購公司等等都來與他們接洽。認真傾聽他人說話其實也是很重要的一件事。這一位不僅會說、更懂得傾聽他人說話的年輕經營者說：「我覺得我有所成長，成為一位相當成熟的大人。」

若是有人希望我給他一個對人際關係有幫助的建議，我應該會先回答：「當個懂得傾聽的人。」

理察・卡爾森，美國作家、心理治療師（1961-2006）

請你成為一位更好、更偉大的傾聽者。這是珍惜他人的不二法門。

羅伯特・康克林，美國，心理教練（1921-）

人之所以有兩隻耳朵、一張嘴巴，就是為了讓我們多聽少說。

芝諾，古希臘哲學家（西元前490-430左右）

想要責怪別人

巴布·馬利
牙買加雷鬼唱作歌手
（1945-1981）
在你伸出手指責備他人之前，最好先看看你自己的手乾不乾淨。
健太是笨蛋
三
值
鎌田

那位偉人也是這樣

責備他人時，不論對錯，最終都會傷到自己

夏目漱石

（1867-1916）

夏目漱石是日本明治時期的大文豪，小時候因為大人的緣故而被送養，成為別人家的養子，在複雜的家庭環境之中成長的他，根本無從得知何謂家人的愛，反而讓他養成靜靜觀察大人言行舉止的習慣。有一次，他的養母跟隔壁家的太太正在說米行老闆娘的壞話。這時正好老闆娘經過，結果養母竟然對老闆娘說：「我們剛好聊到妳呢！說妳做事能幹，為人又慷慨！」正在一旁的他大吃一驚，想都沒想就脫口而出，大喊著：「不可以騙人！妳剛剛明明就是在說老闆娘的壞話！」老闆娘聽了之後，氣呼呼地掉頭就走。結果他的養母賞了他一巴掌，喝斥他：「你這在胡說八道些什麼！」彷彿他做了什麼壞事一樣。養母的言行讓他的內心深受傷害，他告訴自己：「我只是說出事實，我並沒有錯。」即使自己的行為是對的，譴責他人也可能讓自己受到傷害。他雖然很受傷，卻更堅定他絕不成為卑劣之人的意志，影響著他往後的人生及作品。

在譴責他人之前，應該要先想想是否尚有原諒的餘地。

格奧爾格·克里斯托夫·利希滕貝格，德國物理學家、作家（1742-1799）

當一個人開始責怪他人時，那他便成為真正的輸家。

約翰·伍登，美國前籃球運動員、教練（1910-2010）

常思己過，莫論人非。

德川家康，江戶幕府第一代將軍（1542-1616）

做壞事被罵了

我們的心有時也會變壞。
然而知錯能改，善莫大焉。
如此反覆地反省自身，
我們的心靈就會更加提升。

美輪明宏

演員、歌手

（1935-）

那位偉人

也是這樣

雖然做了壞事而被斥責，還是乖乖地道歉，並思考何謂「正確的事」

班傑明．富蘭克林
（1706-1790）

為了美國的獨立殫心竭力的政治家班傑明．富蘭克林同時也是物理學家以及氣象學者。富蘭克林出身貧困，家中以製作蠟燭維生，小時候的他是個非常喜歡惡作劇的搗蛋鬼。有一天，他發現在一座可以釣到許多魚的池塘邊放了許多石頭，於是晚上他把朋友都找來，一起把那些石頭都丟進池子裡。因為他想到這樣就可以站在石頭上面釣魚。但是，那些石頭是蓋房子時用來打地基的石頭，非常重要。隔天，工頭看見這個景象嚇呆了，直呼：「會幹出這種事的，絕對就是那孩子！」直接衝到了富蘭克林的家。其實，富蘭克林認為他不是在惡作劇，他覺得自己做了一件好事，這樣做可以讓大家開心地釣魚。他怎樣都不肯道歉，於是父親仔細地向他解釋為什麼不能這麼做，聽了父親的說明之後，他才意識到自己的錯誤，並且低頭認錯。「我們不能只考慮到自己。在做任何事之前，都要先想清楚該不該這麼做才能行動。這才是最重要的。」這句話深深烙印在他心中。

人不必為了承認錯誤而感到羞愧。換句話說，這說明今天的你已經比昨天的你更聰明了。

亞歷山大．波普，英國詩人（1688-1744）

不小心犯下過錯時，應該要做的事只有3件，那就是：

①承認過錯
②從過錯中學習
③絕不重蹈覆轍。

保羅．布萊恩，美國，NCAA美式足球員、教練（1913-1983）

去發現別人的優點和美好的事物

找出所有人的優點。這樣一來，你就能吸收美好的資質了。

帕拉宏撒．尤迦南達

印度瑜珈行者

（1893-1952）

那位偉人
也是這樣

讓別人發現自己的優點，使自己的才能開花結果。

碧雅翠絲·波特

（1866-1943）

英國作家碧雅翠絲·波特是《彼得兔》的作者。她出生在富裕的小康之家，那時有錢人家的小姐通常都是在家裡讀書，不到學校上課。碧雅翠絲也是如此，再加上母親擔心她被傳染疾病，所以也不曾讓她與其他的小朋友一起玩耍。在偌大的房子，寬敞的房間裡，她總是一個人孤零零的。這樣孤單的她，第一個交到的朋友是一隻灰色的老鼠，叫做漢卡曼卡。不過，因為父母親禁止她養寵物，所以她一直都沒告訴父母。有一次，她的家庭教師哈蒙德來到碧雅翠絲的家裡，看見了那隻老鼠。哈蒙德老師不但沒被嚇到，還說：「哇~很可愛呢！」贊同她與這隻老鼠當朋友。此外，哈蒙德老師還發現了碧雅翠絲的繪畫才能，稱讚她畫得很棒，還替碧雅翠絲在雙親的面前隱瞞她養老鼠的事情，以及她喜歡畫圖所以一直都在畫畫的事。不僅如此，哈蒙德老師還送給她繪圖工具，看著她素描花卉。跟這位家庭教師在一起，讓碧雅翠絲覺得讀書變得更快樂，所以她很快地就學會寫字。老師發現了碧雅翠絲的優點，她自己也發現老師的體貼之處，二人都建立起對於彼此的信任關係。

要口說好話，才能擁有漂亮的雙唇；要看到別人的優點，才能擁有美麗的雙眼。

山姆·列文森，美國作家、教師（1911-1980）

愈是善良的人，愈能認可他人的優點。然而愈是愚蠢、心地壞的人，愈只會看到別人的缺點。

列夫·托爾斯泰，俄國作家（1828-1910）

喜愛一個人，代表自己認可對方的好。我們透過相愛，挖掘出對方隱藏起來的好處。

約翰·格雷，美國心理學者（1951-）

遵守承諾

不輕易許下承諾的人，才會堅守承諾。

尚・雅克・盧梭

法國哲學家、作家

（1712-1778）

那位偉人也是這樣

教導他人「先為守信之人，後為醫者」的細菌學家

北里柴三郎

（1852-1931）

北里柴三郎是日本的細菌學者，他出生在江戶末期的熊本縣，家中是當時的庄屋（類似於村長）。小時候的他非常喜歡在山間野林間四處奔跑，希望長大後成為一名軍人。只是他的父母反對，所以他才走上學醫之路。他先是在熊本的醫學校讀書，後來又到東京醫學校學習，他認為「醫者的使命是預防疾病的發生」。當時，德國的羅伯・柯霍是世界級的細菌學者，接二連三地發現了新細菌。柴三郎希望能在如此優秀的學者底下進行研究，於是前往德國留學。因此，後來的他發現了當時被視為絕症的破傷風的病原菌，並且確立了破傷風的治療方法。那時，他對一個朋友說：「只要擁有熱情及真誠，不論做什麼一定都可以達成！」回到日本之後，他成立了傳染病研究所以及結核病專門醫院。在從醫及研究的同時，也親自栽培門下弟子。柴三郎常對弟子說：「與人交際往來必須要正直。說出口的約定就一定要實行。」他教導門下弟子關於守信的重要，拯救人命的醫者首先必須為人端正，如果不能信守諾言，便會失去做人的信用。

如果希望別人替你保密，首先自己要做到為他人保密。

盧修斯・阿奈烏斯・塞內卡，古羅馬政治家、哲學家
（西元前1年左右-西元65年）

做人一定要信守承諾。要是每個人都不遵守約定，我們的社會生活就會一塌糊塗。

菊池寬，作家
（1888-1948）

那怕是再小的事，也要遵守彼此之間的約定，這樣可以養成發自內心的誠實，也會培養出自制力，以及為自己的人生負責的勇氣及力量。

史蒂芬・理查茲・柯維，美國經營管理顧問
（1932-2012）

有時朋友會成為我們的人生支柱

與朋友一同
走過黑暗，
更勝一人獨自
走過光明。
海倫・凱勒
美國慈善家
（1880-1968）

那位偉人也是這樣

摯友為他開闢畫家之路，並一路給予支持

保羅・塞尚
（1839-1906）

法國畫家保羅・塞尚被稱為近代繪畫之父，他的父親是銀行創辦人。塞尚從小就是個優秀的孩子，而且也很會畫圖。中學時，他認識後來成為小說家的埃米爾・左拉。當時，左拉剛從巴黎搬過來，總是被同年級生欺負，塞尚主動找他說話，結果卻被同班同學圍毆。兩人的友情在這件事過後變得更深厚，而且後來他們還多了一位同伴，友誼深厚的3人一起開心地度過求學生活。塞尚讀大學時依照父親的希望攻讀法律系，只是他心中想成為畫家的願望日漸強烈，最後，他決定放棄法律系的學位。而左拉早已回到巴黎，他好幾次都建議塞尚早日到巴黎學習畫畫。「你什麼都還沒做，所以鼓起勇氣吧。我們都有著自己的理想，一起勇敢地向前進吧。」於是，塞尚下定決心前往巴黎。左拉經常鼓勵尚未以畫家的身分獲得世人認可的塞尚，二人之間的友誼一直持續下去。塞尚一直在尋找屬於自己的獨一無二畫風，後來他的畫作終於獲得世人認可。那時的塞尚年過60歲，已是暮景殘光。正因為與左拉的相識相知，才有世界級畫家塞尚的誕生。

真正友情最棒的一點，是你理解對方，同時對方也理解你。

盧修斯・阿奈烏斯・塞內卡，古羅馬政治家、哲學家（西元前1年-西元65）

我的摯友會激勵出我最棒的優點。

亨利・福特，美國，福特汽車公司創始人（1863-1947）

真正的朋友是雪中送炭，而非錦上添花。

尤里比底斯，古希臘詩人（西元前480-406左右）

第 4 章

一切都從行動開始

話劇部
茶
假髮
小道具
橘子

做就對了

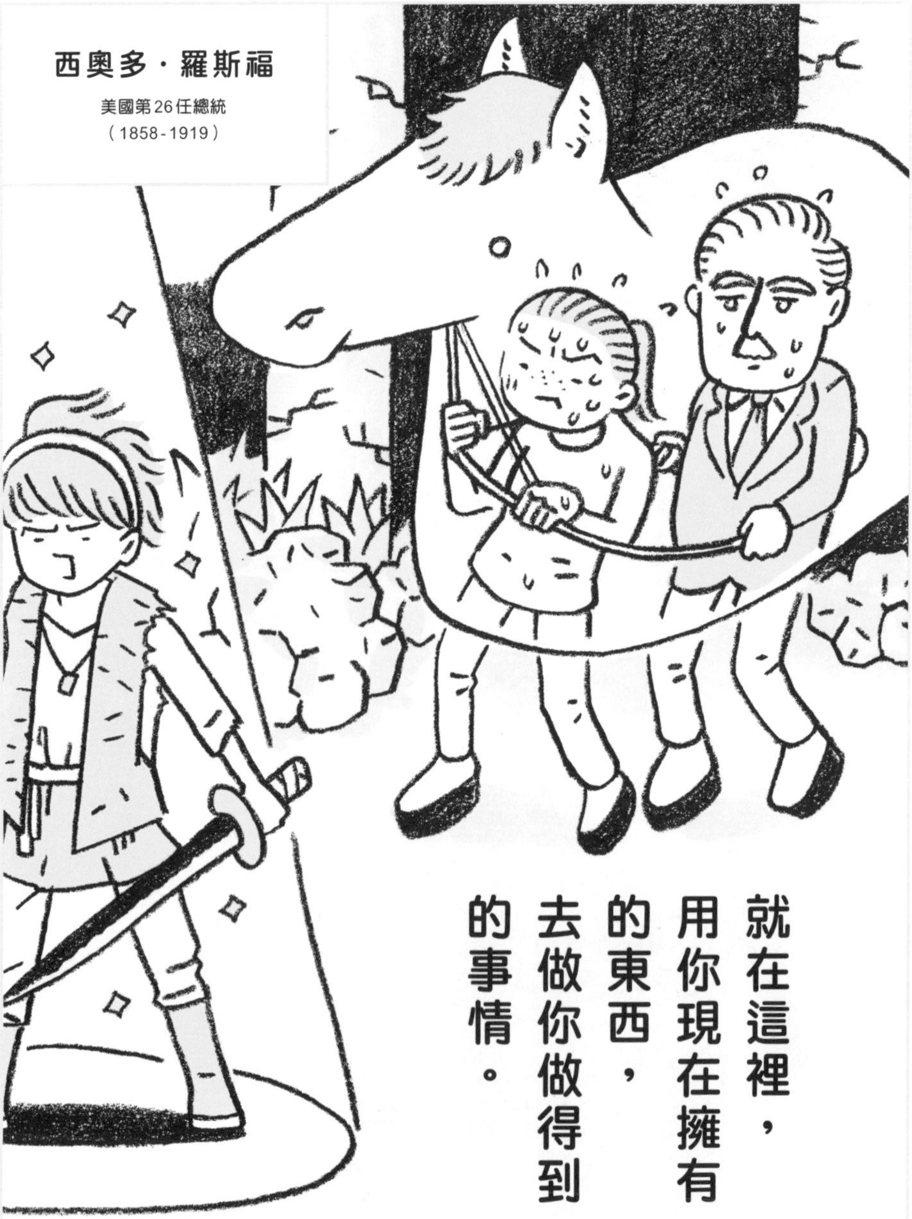
西奧多・羅斯福
美國第26任總統
（1858-1919）
就在這裡，用你現在擁有的東西，去做你做得到的事情。

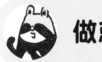

那位偉人

也是這樣

請老師評點文章以後，才開始踏上成為世界大文豪的道路

露西・莫德・蒙哥馬利

（1874-1942）

露西・莫德・蒙哥馬利是文學小說《清秀佳人》的作者，她的母親早逝，父親又在離家遙遠的地方工作，所以她從小就住在加拿大的愛德華王子島上的祖父母家。露西相當喜歡這座島嶼，島上有著平緩的綠丘、寂靜的沙灘，還有陡峭的紅土懸崖。生活在豐富的自然環境之中，她總是一邊天馬行空地幻想。夢想著「以後我要當一個將故事寫下來的人」的露西，開始悄悄地寫詩以及創作故事。隨著創作的數量愈多，她也想知道別人覺得自己的作品好不好。有一天，露西決定拜託在她家租房間住的學校女老師看看她寫的詩。她雖然緊張得腳都在發抖，心臟撲通撲通地跳，還是勇敢地在老師面前朗讀她的短詩。老師聽了之後微笑著說：「這首詩寫的很棒呢！」露西鬆了一大口氣，同時內心也充滿了欣喜，開心地向老師道謝：「謝謝您聽我的短詩！」受了這位老師的鼓舞，她比之前更加專注地投入創作。就這樣，她踏出了成為作家的一小步。

若不先去嘗試，就什麼都不會曉得。

阿爾貝・卡繆，法國小說家、哲學家（1913-1960）

我們會因為興趣而去做一件事，但更多時候是因為做這件事之後產生了興趣。

寺田寅彥，物理學家、散文作家（1878-1935）

不知道行不行的時候就想著「我可以辦到」，然後努力去做。

三宅雪嶺，哲學家、評論家（1860-1945）

只有想是不夠的，最重要的是行動

拉爾夫·沃爾多·愛默生

美國思想家、詩人

（1803-1882）

那位偉人也是這樣

實踐「坐而言不如起而行」的人

大衛・李文斯頓

（1813-1873）

百年前的非洲大陸，被稱為黑暗大陸。因為，那裡住著怎樣的人，過著怎樣的生活，一切都是謎。後來有一個人前往那片大陸，並向原住民伸出善意的雙手，那人正是大衛・李文斯頓。李文斯頓出生於英國一戶貧困的家庭，雙親有著虔誠的信仰。從10歲開始，他便一邊在工廠工作，一邊持續在夜校求學。他說：「我希望能為世人的幸福盡一份心力。只讀聖經並不足夠，若是沒有實際行動，那就沒有意義。」為了幫助受疾病所苦的人，他開始學醫；為了幫助內心有煩惱的人，他又取得了傳教士的資格。做足萬全準備的李文斯頓終於出發前往非洲。非洲的叢林裡危機四伏，除了猛獸、毒蛇之外，還會受到原住民的攻擊。即使如此，不論遭遇多麼危險的情況，他也不曾與人發生衝突。李文斯頓在他的母國英國已是一名家喻戶曉的探險家，而身兼傳教士的他，還傾盡全力從奴隸販子手中救下更多的人，那怕只是多一個人也好。直到他在一處小村子裡靜靜逝去的那天為止，李文斯頓都沒有停下他的行動。即使他已經骨瘦如柴，仍舊如此……。

神並沒有要我們成功，祂只希望我們勇於挑戰。

德蕾莎修女，鄂圖曼帝國修女（1910-1997）

因為先有行動，未來才會有所改變。改變並不是在一朝一夕之間發生，而是由小小的努力日積月累而成。

野口健，登山家（1973-）

所謂活著指的並不是呼吸，而是行動。

尚-雅克・盧梭，法國哲學家、作家（1712-1778）

給想要實現夢想的你

鈴木一朗

日本旅美職棒大聯盟球員

（1973-）

那位偉人也是這樣

成功實現夢想的探險家從小所做的事情

羅爾德·阿蒙森

(1872-1928)

出生於挪威的羅爾德·阿蒙森曾有個夢想，夢想有一天要前往海洋另一端的未知土地。身為水手之子的他非常喜歡大海，15歲那一年深深迷上了一本書，那是英國探險家約翰·富蘭克林的傳記。內容講述約翰·富蘭克林一行人目標前進北極，即使遭遇困難，仍不停下腳步，最後與他的隊員們一同失蹤，音訊全無。阿蒙森看了這本傳記之後，被約翰·富蘭克林賭上性命也要挑戰北極的壯舉深深感動，他發誓：「我一定要去北極。」不過，父親過世以後，為了不讓含辛茹苦撫養他長大的溫柔母親擔心，他絕口不提這件事。阿蒙森拼命地用功讀書，並靠著滑雪及踢足球來鍛鍊體能。而且為了戰勝寒冷，不論多麼天寒地凍的夜晚，他在睡覺時都開著窗戶。母親過世以後，他成為一名水手，朝著實現自己的夢想一步步前進。當他知道探險家羅伯特·皮里已經抵達北極點之後，便將目標改成南極點。他與英國的探險家羅伯特·史考特互相競爭，最後他帶領的探險隊成為人類史上第一支到達南極點的隊伍。後來，他也成功抵達北極點，實現了自己的夢想。

無論你能做什麼，或夢想能夠做什麼，現在就開始去做吧。

歌德，德國詩人（1749-1832）

只要你清楚知道自己的夢想或目標，你一定可以開拓出一條道路。

聖雄甘地，印度律師、宗教家（1869-1948）

除了夢想，再沒有其他東西可以創造出未來。

維克多·雨果，法國詩人、小說家（1802-1885）

試著從身旁的小事開始做起

仔細地反覆走著一小步，才能學到更多。

傑夫·貝佐斯

美國亞馬遜公司創始人

（1964-）

那位偉人也是這樣

攻讀最喜歡的數學，
後來成為
助人無數的
護理師之母

佛蘿倫絲·南丁格爾

（1820-1910）

被稱為「克里米亞的天使」的南丁格爾，出生在英國的上流階級，並在無拘無束的環境之下長大成人。自從懂事以來，她不認為過著這種奢侈的生活有什麼快樂，內心開始感到空虛。等她再長大一些，父母親便開始希望她能早日與真命天子結婚，只是她一點也沒這個意思。她相當煩惱，不知道自己想做的事情是什麼，應該做的事情又是什麼，以致最後搞壞了自己的身體。那時，南丁格爾的阿姨邀請她去家裡小住一陣子，並且建議她既然不曉得要做什麼才好，那就先讀自己喜歡的數學。南丁格爾回家居住以後，依然不懈怠地繼續學習數學。後來在她經營護理學校時，當時學到的數學概念正好派上用場。有了正確的數字為基準，她成功找到解決問題的方式，也讓她在向政府申請補助時說服了頑固的承辦人員。我們可以從眼前的事物、自己較擅長的事情、能力可及的事情去嘗試，也許這些都會在意想不到的時候成為自己的助力。

累積許多不起眼的小事，是通往偉大的唯一途徑。

鈴木一朗
日本旅美職棒大聯盟球員
（1973-）

這世界上所有美好的情感，都比不上一次小小的行動。

詹姆斯·羅素·羅威爾，
美國詩人、外交家
（1819-1891）

請堅定地踏出第一步。即使你看不見階梯的全貌也無妨，總之邁出第一步就對了。

馬丁·路德·金恩，
美國牧師
（1929-1968）

給戒不掉電腦與電動的你

人活在這世上的時間有限。我們真正能拼盡全力去做重要事情的機會也只不過2、3次而已。

史蒂芬・賈伯斯

美國蘋果公司創始人

（1955-2011）

那位偉人也是這樣

將網際網路推廣至全世界的人，讓自己的孩子直到14歲才開始上網

比爾・蓋茲

(1955-)

微軟公司的創始人比爾・蓋茲小時候是個倔強又叛逆的小孩。在學校不好好上課，成天打混摸魚，對於校內活動也漠不關心，跟所謂的「好學生、好孩子」一點都沾不上邊。他的父母傷透腦筋，於是聘請了教育諮詢師，然而諮詢師卻說：「二位與令郎之間的爭執，最後還是令郎獲勝了吧？」因此，他的父母不再強制要求他，決定讓他做自己想做的事情。比爾・蓋茲說：「隨著長大，我覺得開心的事情也愈來愈多了。」現在的他也養育了3名子女，而且對於他們使用網路也有所規定。「14歲以前不給他們使用智慧型手機。就算辦了手機，也會限制他們不能在睡前使用，吃飯時間也一律禁止使用」。這是因為，他認為：「每個孩子都擁有無限大的可能性。最重要的是擁有更多高品質的時間。」換句話說，他認為漫無目的上網並不是件好事，應該要更珍惜時間。他自己也理解網際網路所帶來的負面影響。使用者要聰明地使用，才能使網際網路發揮它的作用。一個人若要做好時間管理，首先就必須要知道如何運用自己的時間。

若想要做好時間管理，首先你必須了解如何運用自己的時間。

彼得・杜拉克，奧地利經營學家（1909-2005）

別浪費你的時間，因為人的一生是由時間累積而成。

班傑明・富蘭克林 美國政治家、氣象學者（1706-1790）

人生就在蹉跎之間轉瞬即逝。

盧修斯・阿奈烏斯・塞內卡 古羅馬政治家、哲學家（西元前1左右-西元65）

經驗就是一切

當一個人反覆
經歷著痛苦時，
他在這
過程之中
學到的行動，
就是他所擁有的
技術。

植村直己

登山家、冒險家

（1941-1984）

那位偉人

也是這樣

相信任何事都要親自體驗以後才會懂，於是周遊全世界，後來帶動日本經濟的發展

澀澤榮一

（1840-1931）

江戶末期至大正年間，澀澤榮一成立與經營日本第一國立銀行、東京證券交易所等眾多企業，成為經濟界的領頭羊。他出生在富裕的農家，從小就有著傑出的商業天賦，同時也是一名資優生。

某一次，他對於每次家裡被領主徵收御用金卻不容拒絕的這件事感到很疑惑。他認為：「即使我們讀書做學問或是經商買賣，卻還是因為農民的身分而遭受差別待遇，這就是我們國家政治腐敗的原因。」這樣的經驗改變了他的人生。日本幕末時期的社會情勢混亂，同時還受到外國勢力的壓迫，因此社會上提倡政治應以天皇為中心的運動愈發熱絡，這份思想也給澀澤榮一帶來深刻的影響。只不過，他沒想到幕府竟然招聘他進入幕府工作，因此他獲得前往法國觀摩的機會。在搭船旅行的過程中，他見識到歐洲遠勝於日本的進步科學技術以及龐大的財富。他想：「與他們打仗沒什麼意義。我們應該先了解他們為何會如此富裕。」澀澤榮一決定盡量不帶著偏見去觀察歐洲的社會模樣。他的親眼所見、親身所感，以及對此的思索，都成為後來大顯身手的一大助力。

學習事物沒有比親身體驗更好的方式。

阿爾伯特・愛因斯坦，德國諾貝爾物理學獎得主（1879-1955）

人生是一連串的教訓，必須親自經歷過才會理解。

拉爾夫・沃爾多・愛默生，美國哲學家、作家（1803-1882）

自己的經驗再怎麼渺小，都是比千百萬人的經驗更有價值的財產。

戈特霍爾德・埃夫萊姆・萊辛，德國詩人、劇作家（1729-1781）

給總是覺得事與願違的你

即使事情的發展不如預期，
還是要向前邁進。
要是一直擔心
會不會下雨，
就會真的下起雨來。

克林・伊斯威特

美國演員、電影導演

（1930-）

那位偉人也是這樣

即使發展不如預期，只要不輕易放棄，就絕對辦得到！

井深大
（1908-1997）

井深大是SONY公司的創始人，同時也是技術人員，他在1952年參訪美國時，聽聞貝爾實驗室或許會將電晶體的專利開放給其他公司使用。他心想，若是能將電晶體應用在收音機，也許就能開發出真空管技術無法達到的超小型收音機。於是他與負責公司營運的盛田昭夫討論，二人興奮地決定：「我們要做出一台可以放進口袋的收音機！」然而，電晶體的應用技術相當困難，專利授權金又昂貴不已，就現實層面而言可說是相當嚴峻，就連其他的技術人員也直呼不可能辦到。井深本人也好幾次都考慮過不如放棄開發。不過，他最後還是沒放棄，經過一次次的研究之後，終於開發出日本第一台電晶體收音機。後來，他更進一步改良，製造出能放進口袋的小型收音機。「口袋尺寸」的想法進一步衍生出Walkman數位隨身聽，美國蘋果公司所開發的iPod也是承繼了這樣的概念。在開始做一件事情時，本來就常會發生事與願違的情況，所以不能半途而廢，要更有毅力地去挑戰。做任何事都要貫徹「意志」，這樣就能在過程當中發現新的構想，或找出解決問題的關鍵。

成功的人在挑戰新事物時，都是以「發展不如預期也是理所當然」為前提。

湯瑪斯・愛迪生，美國發明家、企業家（1847-1931）

人是思想下的產物。你會變成什麼樣的人，取決於你的想法。

聖雄甘地，印度律師、宗教家（1869-1948）

現在就去實現你想成為的自己。

拉爾夫・沃爾多・愛默生，美國哲學家、作家（1803-1882）

讓內心更加強大的方法

相信自己辦得到，那一定就會成功；若覺得辦不到，那就不會成功。這是不容動搖的絕對法則。
巴勃羅・畢卡索
西班牙畫家、雕塑家
（1881-1973）

27年來都在狹小的牢房裡度過，為了有朝一日實現自己的夢想，於是他使自己的內心變得更強大

納爾遜・曼德拉

（1918-2013）

領導反南非種族隔離政策（Apartheid）運動，後來成為南非共和國第一位黑人總統的人，就是納爾遜・曼德拉。他內心強烈希望「可以創造出一個無關膚色、任何人皆可自由發表個人意見的平等國家」，長大之後，他取得了律師資格，並投入社會運動。被政府視為眼中釘的曼德拉某次遭到逮捕，並被送往看守所。在2平方公尺的牢房裡，只有一件薄毯以及一個當成便盆的水桶，每天還得做辛苦的勞動工作。即使如此，他還是每天早晨做體操，有空時就念書，繼續鑽研法律。18年過去了，他被送往其他的看守所，終於可以睡在有床鋪的牢房裡。由於國內暴動以及來自海外的壓力，備受壓力的南非政府跟他提出談判，然而他一概拒絕。南非政府無計可施，最後決定釋放他。他的「信念」支持著27年來的牢獄生活，任何時候都心懷希望，發現人生的快樂。就這樣，他為了實現夢想而跨越重重困難，培養出一顆強大的內心。

人類最偉大的力量，源自於克服了自己最大的弱點。

大衛・賴特曼，美國喜劇演員（1947-）

勇士善於忍耐。而善於忍耐的人，我們稱之為強者。

新渡戶稻造，教育家、思想家（1862-1933）

想著「一切都會沒問題的」，那就是這世界最強大的力量。

南伸坊，散文家、漫畫家（1947-）

別在乎周圍的人說什麼

咦，你一個男生居然
在做甜點
……。

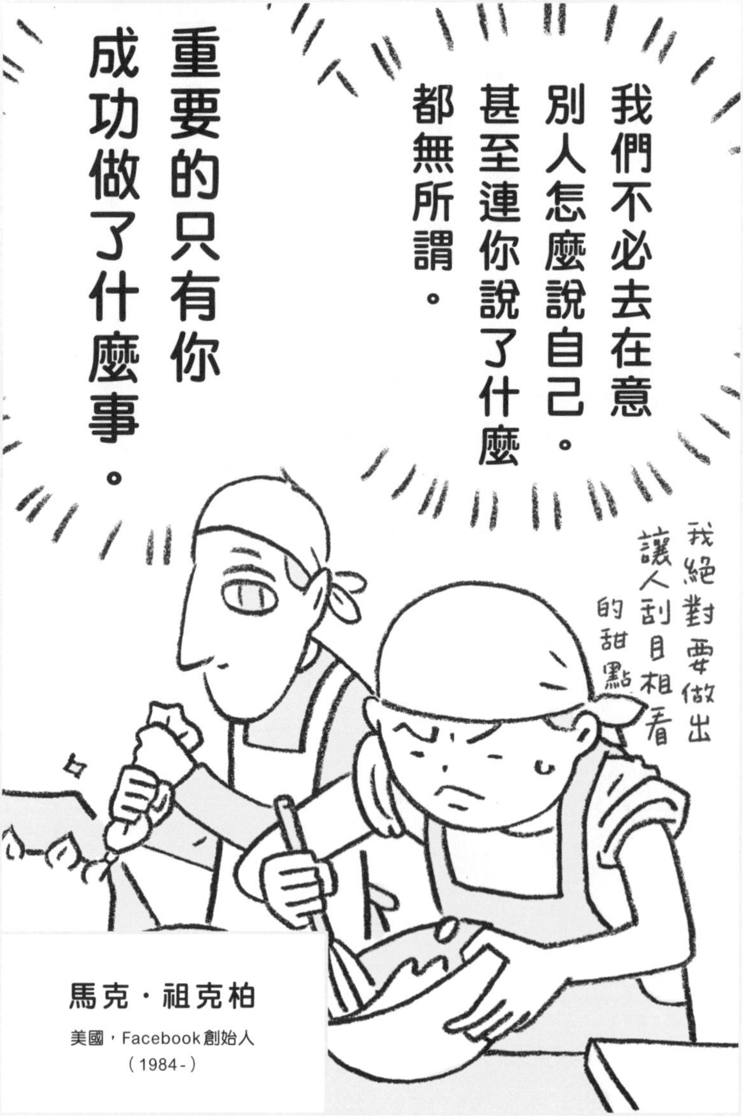
我們不必去在意別人怎麼說自己。甚至連你說了什麼都無所謂。
重要的只有你成功做了什麼事。
我絕對要做出讓人刮目相看的甜點

馬克・祖克柏

美國，Facebook創始人

（1984-）

那位偉人也是這樣

不論世間輿論如何，仍然「走自己的路」的女性

與謝野晶子

（1878-1942）

與謝野晶子是日本代表性的女性和歌創作家，她出生於大阪的堺市，家裡經營日式和菓子鋪，父親很喜歡俳句及繪畫，所以很早就注意到晶子的才華。當時學校裡幾乎都是裁縫課程，不重視學問，這讓晶子感到很不滿。而且她回到家裡，還得到店裡幫忙。就在她壓力愈來愈大，即將爆發的時候，決定專心閱讀及寫作。後來她創作了和歌，開始向雜誌社投稿，還與出刊《明星》雜誌的與謝野鐵幹有了命運般的邂逅。她的和歌集《亂髮》是一部描寫女性戀愛心情的作品，當中大膽的表現遭到「不知羞恥」的批評。《望君勿死》是她思念因日俄戰爭上戰場的弟弟，為此吟詠創作的詩歌。當我們的至親前赴戰場打仗，身為家人本來就會希望對方「能平安回來」，只不過當時的社會氛圍都認為「為國捐軀是至高無上的光榮」，因此她更是飽受嚴厲的批判。雖然如此，晶子一步也不退讓，認為她創作這首詩歌祈禱心愛的弟弟平安歸來的心意並沒有錯。不論周圍的人怎麼說，她還是堅定地走著自己的路。與謝野晶子抬頭挺胸地走在自己所堅信的道路之上，直到逝世之前都勤奮不懈怠地寫作。

人要立志就別怕與眾不同。

吉田松陰，思想家、教育家（1830-1859）

不論別人如何，只要自己認真活著就行，盡力而為就行。

武者小路實篤，小說家、詩人（1885-1976）

成功的最大祕訣，就是成為一個不受他人或狀況動搖的人。僅此而已。

阿爾伯特・史懷哲，德國神學家、醫生、音樂家（1875-1965）

給不知道要做什麼的你

我的運動神經差，其他的又沒興趣……
社團申請書
不參加社
美術社
電影社
軟式棒球社
歡迎新
BASKET BALL!!
棒球
鐵道研究社
創社
招募社
女子軟式棒球
你有應該去完成的事。
一定有些重要的事情只有你才做得到。

佛蘿倫絲・南丁格爾

英國護理師

（1820-1910）

那位偉人也是這樣

無意間開始打起棒球，不知不覺地成世界級全壘打王

貝比・魯斯
（1895-1948）

貝比・魯斯是美國職棒大聯盟的全壘打王，他從小就很調皮，讓鎮上的人傷透腦筋。不是隨便跳上停在港邊的船隻，就是對貓咪丟鞭炮，跟人打架也是家常便飯。他的父母工作忙碌，所以沒時間去管教他這個問題兒童。無奈之下，父母在他7歲時將他送到修習一般學科以及工作技術的寄宿學校。即使如此，他還是抗議：「我都要窒息了！」所以經常翹課，最後還是被帶回家。沒多久之後，他發現了一項有趣的事物，那就是棒球。他投球的球速快，打擊的球也飛得很遠。「雖然我書念得不好，但如果是棒球的話，我一定可以做好！」他終於找到了自己想要做的事情。教練也對他說：「你很有棒球的天賦。」用心地指導他打棒球。棒球是一項重視團隊合作的運動，不允許隊員任性妄為，所以他也曾受過嚴厲的鞭策。他終於學會好好遵守棒球的規則以及學校的規定，課業成績也愈來愈進步，不再是從前那個讓人頭疼的孩子了。貝比・魯斯日夜匪懈地練習棒球，終於成為一位名留青史的職棒球員。

只要相信自己，你就會懂得如何生活。

約翰・沃夫岡・馮・歌德，德國詩人（1749-1832）

重要的是你喜不喜歡現在做的事。如果是的話，那你就更能磨練自己，也能隨時向前邁進。

鈴木一朗，日本旅美職棒大聯盟球員（1973-）

比起知道自己能做哪些事，更重要的是知道自己做不到哪些事。

露西兒・戴澤蕾・鮑爾，美國喜劇女演員（1911-1989）

自己一個人的力量
+ 大家的力量

能與他人
順利合作的人，
才能收穫
最大的成功。

安德魯．卡內基

美國鋼鐵大王

（1835-1919）

那位偉人也是這樣

獨自發起不合作運動，漸漸愈來愈多人響應，最終推廣至全印度，帶領印度走向獨立

聖雄甘地

（1869-1948）

印度的聖雄甘地是英屬印度帝國之下的土邦宰相之子，從小他就覺得疑惑：「為什麼印度會這麼貧窮呢？」後來他前往倫敦留學，成為一名律師，並在學成歸國之後開始著手尋找原因。他發現在英國人開設的紡織工廠裡工作的印度人只能領到微薄的薪水。他認為首先應該讓這些工廠都消失，因此他決定不再使用這些工廠生產的布料，自己使用絲線紡織成布。一開始只有他自己一個人做著這樣的事，但後來與他一起行動的人愈來愈多了。英國人以及印度的上流階級都強烈反對，有時警察甚至會以暴力制止他們的行動。某一次，他提出：「大海是我們的資產，英國卻向我們課徵鹽稅。因此，我們反對繳納鹽稅。」他朝著海邊的方向一步步前進，沿途有許多人也鼓起勇氣加入隊伍，於是前進的隊伍漸漸地愈來愈長。當甘地抵達海邊時，警察照舊逮捕了他，然而，他身後則有數以千計的人駐足在那裡眺望著大海。就這樣，由甘地發起的非暴力不合作運動遍及全印度，最後帶領印度走向獨立。

主張自己的成功皆由自己一人獨立完成，是相當膚淺且傲慢的舉止。

華特・迪士尼，
美國動畫製作人、企業家
（1901-1966）

只要團結合作，那怕只有10個人也能撼動10萬人。

奧諾雷・米拉波，
法國，法國大革命領導人
（1749-1791）

我希望追求個人喜悅的行動，也可以是帶給他人幸福的奉獻。

本田宗一郎，
本田技研工業創始人
（1906-1991）

第5章

讓日子一天比一天快樂的方法

小小的親切利人又益己

試著每天都去想想
會讓別人覺得開心的事。
這樣一來，2個星期後一定會痊癒。
聽好了，一個人之所以會不幸，
那是因為他只有想著自己而已。

阿爾弗雷德·阿德勒

奧地利精神科醫生

（1870-1937）

那位偉人也是這樣

為他人付出的小小親切，改變了他人以及自己的人生

野口英世
（1876-1928）

野口英世是世界聞名的細菌學者，他出生在福島縣的貧困農家，由於父親不事生產，都是由母親拼命地工作賺錢將他養大成人。1歲半的時候，他的母親只是稍微沒看著他而已，他就不小心掉進地爐，造成左手相當嚴重的燒燙傷，當時握在一起的手指再也無法伸展開來。小學時，他常常因為左手的燒燙傷遭到其他人的取笑。他難過得將自己關在房間裡，母親鼓勵他：「好好讀書，讓他們看看你的厲害。」為了讓欺負他的同學都刮目相看，因此他卯盡全力讀書，並以頂尖的成績畢業。他沒有錢可以繼續升學，於是學校老師幫他出了學費。這讓他更加勤奮向學，以回報老師的這份恩情。有一次，學校的作文課出了一份作業，英世寫：「左手的傷痕讓我被人欺負，我好想用刀子把沾黏在一起的手指切開……」後來，學校的老師以及班上的同學共同出資，讓他動手術。他的左手可以動了，就像在作夢一樣……。內心感激不已的英世想著：「救人於苦難的醫者如此偉大，我也要成為一名醫者。」發誓未來要成為一名醫生。多虧周圍的古道熱腸，培育出一位聲名遠播的醫者。

再微小的親切舉動，也絕對不會是白白浪費。

伊索，古希臘寓言作家（西元前620-560左右）

我們不必去記得自己對別人的好，卻絕對不能忘了別人對我們的恩惠。

喬治・戈登・拜倫，英國詩人（1788-1824）

每個為他人付出的人都會是好人。

馬丁・路德・金恩，美國牧師（1929-1968）

每天的習慣造就你的人生

有成果的人與沒成果的人，他們的差別並不在於才能。

而在於幾個習慣上的態度，以及有沒有學會最基本的工夫。

彼得・杜拉克

奧地利經營學家

（1909-2005）

那位偉人也是這樣

自小的習慣使他成為一位持續刷新紀錄的美國職棒大聯盟球員

鈴木一朗

（1973-）

美國職棒大聯盟的球員鈴木一朗來自愛知縣豐山町。他從3歲就開始玩傳接球，上幼兒園的時候說：「我長大以後要當職業棒球選手。」升上小學之後的某一天，一朗的父親接住一朗投出的球之後大吃一驚，球的速度快得就像要被手套吸住一樣，於是他的父親下定決心：「這孩子真的很喜歡棒球，我一定要幫助他，讓他打得更好。」父子二人的棒球特訓成了每天的例行公事。有一次，他們為了加強手腕及手指的力量，於是決定使用含鉛塊的硬式腕力球隨時訓練握力。小學畢業旅行時他也帶著腕力球，以便進行握力訓練。而且，他還會經常把手套擦得亮晶晶，身上穿的棒球服也都是乾乾淨淨的。少棒隊的教練很欣慰一朗的態度，稱讚：「這樣的孩子以後會成為一名好選手。」直到現在，一朗不論狀況好壞，還是持續進行每一天的日常練習、保養球具，以及出席觀看每一場比賽，延續自幼以來的習慣。他說：「持續不懈做著微不足道的小事，總有一天就會爆發出難以置信的強大力量。」

我們的重複行為造就了我們，所以卓越不是一種行為，而是一種習慣

亞里斯多德，
古希臘哲學家
（西元前384-322）

靠著努力所養成的習慣才是好習慣。

伊曼努爾・康德，
普魯士王國哲學家
（1724-1804）

我們先養成習慣，然後習慣就會造就我們。

約翰・德萊頓，
英國詩人
（1631-1700）

別為了一點小事就悶悶不樂

要緊的是未來，所以我不會去回顧過往。

比爾·蓋茲

美國微軟創始人、慈善家

（1955-）

那位偉人也是這樣

不為小事愁眉苦臉，
再三確認自己
應做的事情，
達成偉業

野村忠宏

（1974-）

野村忠宏是一位在前人未曾踏足的奧運柔道項目當中達成3連霸的柔道選手。他擁有許多柔道技能，而且速度好、防守佳，專注力又高，因此被稱為天才。他在1996年的亞特蘭大奧運會獲得金牌，接著又在2000年的雪梨奧運會中達成輕量級的2連霸。在那之後，他曾一度考慮引退。面對年輕的柔道選手急起直追，他的體力日漸下滑，但周圍又是一副篤定他會獲勝的氛圍，他沒有信心能否扛得住這份壓力。婚後的他前往美國留學，從沉重的壓力以及嚴苛的訓練獲得解脫，過了1年左右的悠閒生活以後，他得到了一個在當地教小孩子柔道的機會。他回想起5歲左右在祖父的道場開始學習柔道的時光。「我所追求的終究還是柔道。不要害怕失敗，再一次朝著世界的巔峰邁進吧！」他不再為了小事而悶悶不樂，專注在自己的目標上。就這樣，奧林匹克女神對他露出了微笑。「我成功做到現在的我可以做的最棒柔道！」他身體呈大字型躺在榻榻米上，沉浸在滿心的喜悅之中。

通往幸福的道路只有一條，那就是別去擔心那些沒辦法靠意志力扭轉的事。

愛比克泰德，
古羅馬哲學家
（50-135左右）

人生太短，不能總為了些微不足道的事操心。

查爾斯．金斯萊，
英國文學家、神學家
（1819-1875）

先試著認同自己

你這個自然捲
有夠捲的
你有抹髮蠟嗎？
還是其他的？

捲的比平常還誇張……
難道今天的天氣……

我的自然捲預報
超級準確♪

希望你每一天都能發自內心地稱讚自己，哪怕只多一天也好。

松下幸之助

Panasonic創始人

（1894-1989）

先認可自己、接受自己，而後竭盡全力投入研究的學者

畢達哥拉斯
（西元前582-496左右）

畢達哥拉斯是古希臘的哲學家及數學家。2500年前，他出生在愛琴海的薩摩斯島上，輾轉前往許多城市求學，學成之後，他在義大利的克羅頓成立了一個宗教團體，也就是畢達哥拉斯學派。

他們以「萬物皆為數」為基本，每天都埋頭於學問鑽研。他們也試著以數字證明圖形、音樂、天體等等。畢達哥拉斯學派的人住在洞穴中，過著門規森嚴的生活，例如：禁止飲酒等等。他們在深究學問的時候，有個非常重要的教義，那就是「最重要的就是尊敬你自己」。因為，如果不能認同自己，那麼一切都無法起頭。這句話想表達的意思，是我們要信任自己的人格及能力，並且去磨練自己，那才是最重要的。此外，「不能約束自己的人，稱不上自由之人」、「請學會沉默，靜下心來側耳傾聽」等等，也是畢達哥拉斯學派的宗旨。他們將這些做為生活的基本，以此面對數、音樂以及宇宙的真理。這些教義對於生活在現代的我們而言，都是相當寶貴的建言。

接受尚未成熟的自己，唯有如此才能成為真正的強者。

阿爾弗雷德・阿德勒，奧地利精神科醫生（1870-1937）

你怎麼看待你自己，遠遠比其他人怎麼看待你來得更加重要。

盧修斯・阿奈烏斯・塞內卡，羅馬政治家、哲學家（西元前4-西元65左右）

要相信你自己。去創造一個能夠快樂共度一生的自己。

戈爾達・梅爾，以色列政治家（1898-1978）

身旁的人事物都是學習的對象

黑澤明

電影導演

（1910-1998）

那位偉人也是這樣

向身旁的人學習討教，
並將所學化為文字，
留下傳承2500年的著作

孔子

（西元前552-479）

孔子所說的話記錄在《論語》中，他是一位2500年前左右出生在中國的哲學家。孔子的父親是個勇猛的武者，在戰爭中立下軍功，後來成為貴族。不過，孔子一點都不想成為武者，決心走上學問之道。13歲左右，孔子開始到士族學校上課，當時的學校並不是教人讀書寫字，只是講述村裡耆老口中流傳的舊談，以及做人應當遵守的規範而已。因此，他得知了主動學習的重要性。他對任何人都有問不完的問題，以致於村裡的人都差點落荒而逃，很想跟他說：「你這樣執著地問我，我承受不起呀。」這是因為孔子相信周圍的每一個人都是老師，每個人身上一定都有值得別人學習、借鏡的地方。而他最關心的則是為人的立身處世之道。每當他向人討教詢問後，都會立刻親身實踐，若是他的言行有誤，也會立即改正。就這樣，孔子在自己的心中積累了做人應該如何生存的答案，並在後來完成了他的學問。

所有在你身旁的人，以及身邊的一切事物，都是你學習的對象。

——小肯．凱耶斯，美國作家（1921-1995）

我所遇見的每一個人，或多或少都是我的老師，因為我能從他們身上學到東西。

拉爾夫．沃爾多．愛默生，美國哲學家、文學家（1803-1882）

人生本來就是個學習場所。

湯瑪斯．愛迪生，美國發明家、創業家（1847-1931）

重視你說出口的每一句話

一個人話說得不夠漂亮，是因為他讀的書不夠多。

我們要多接觸文雅的詞句，並學會這些文雅的表現。能心意相通，產生共鳴，那便是語言。

美輪明宏

演員、歌手

（1935-）

那位偉人也是這樣

重視說出口的話，走上發跡之路，成為統一全日本的太閣

豐臣秀吉

（1537-1598）

從一介貧窮農民成為一人之下萬人之上的太閣，這個人就是豐臣秀吉。秀吉從小就夢想成為一名強大的武士。他原本被寄養在一間寺院，後來逃出了那間寺院，他做過別人家的雜工，也做過商家的小伙計，輾轉換過30個以上的工作。他為了成為武士而踏上旅程，途中他遇到尾張一帶的野武士首領，對方問他叫什麼名字，幼名為日吉丸的秀吉便回答他：「我是將來要拿下天下的日吉丸。」大將聽了覺得這個人很有趣，便決定讓秀吉加入。後來，秀吉與織田信長相識，他向信長說：「請讓我當您的臣子！能夠獲得天下的只有信長大人！」因此後來成為了信長的家臣。他向曾經照顧過他的野武士首領告別時，還誇下海口說：「等我以後功成名就，一定會派給你許多差事！」然而他真的實現了。就算是別人都覺得不可能的事情，他也大聲地說：「我一定辦得到！」並且身體力行。他憑著能言善道、頭腦靈活、機智敏捷，讓許多有才能的部下都站在他這一邊。他對家人也總是將「願你長命百歲」、「你是我重要的人」掛在嘴邊，絕對不說任何悲觀、消極的話，不論何時何地，都保持著積極樂觀。就這樣，最後秀吉成功統一了天下。

選出一個詞彙並且使用它。你的人生會因為你所選的詞彙變得光明或黑暗。

約瑟．墨菲，美國宗教家、作家（1898-1981）

所謂語言即為「言靈」，自然而然地表現出說話者的「心」及「靈魂」。

稻盛和夫，京瓷公司創始人（1932-）

不管跟誰說話都好，請多多與人對話。因為愉悅的對話能為我們創造更美好的人際關係。

江木武彥，言論科學研究所創設人（1910-1998）

書本會告訴我們人生中的珍貴事物

書本之中蘊含著許多寶藏。最棒的是你每天都可以享受到這些財富。

華特・迪士尼

美國動畫製作人、企業家

（1901-1966）

那位偉人

也是這樣

沒有家人做他的避風港，
也沒有半個知心朋友，
唯有書本陪伴他走過
悲慘的青少年時期

馬克西姆・高爾基

（1868-1936）

馬克西姆・高爾基是俄羅斯的文學家、社會活動家。他出生在貧窮的下層階級，父親在他3歲時去世，之後他便被送到祖父家寄養。他在那裡被像動物一樣地對待，總是遭到毒打，過著暗無天日的日子，只有賢慧又善良的祖母是他唯一的慰藉。在祖母過世之後，年僅11歲的他便被趕出家門，靠著當鞋店的伙計、幫人洗碗盤、在路上叫賣、當臨時演員等零工，賺取微薄的薪資過生活。這樣的他當然無法上學讀書。他也曾經被雇主用松樹的枝條打到背後腫起，在醫院拔出了42根木條碎片。在這樣悲慘的生活當中，沒有任何人幫助他，唯一的樂趣就是閱讀。他說：「閱讀書籍讓一個信念靜靜地在我心中紮根，那就是我相信我在這世上不是孤身一人，我不會這樣就消失的。」就這樣，他深深期望自己也能寫一個故事，為貧窮的人帶來希望，於是才有了他的代表作《底層》。書本孕育了許多偉人及成功的人，即使是像他一樣處於毫無希望的狀態中，書本也能帶給人們活下去的力量。

人們都沒有發覺一本書就擁有足以改變一生的力量。

麥爾坎・X，
美國人權運動者
（1925-1965）

我從小就看了很多書，大人也教導我要自己動腦思考。我的父母親會跟我們聊聊關於書籍、政治，以及其他各式各樣的話題。

比爾・蓋茲
美國微軟創始人
（1955-）

閱讀好書能讓你與從前最優秀的人對話。

勒內・笛卡兒，
德國哲學家
（1596-1650）

培養自我思考的能力

姊～
我可不可以抄你去年的自由研究

你所說的每一句話、每一個字，都必須出自於你的思考。
小泉八雲
英國小說家、日本研究家
（1850-1904）

那位偉人也是這樣

孩提時代與兄弟姊妹一同辯論，這份經驗在後來的總統大選上發揮效果

約翰・甘迺迪
（1917-1963）

美國第35任總統約翰・甘迺迪出生在富裕的家庭。他的父親是個企業家，由於事業繁忙，幾乎都不在家中，因此他的母親一肩擔起教育9個孩子的重責大任。每天吃飯時，母親都會與年紀已經能夠識字、思考的孩子一起聊天對話，這是他們每天的例行公事。她會在孩子視線可及的範圍內放置她剪下來的報章雜誌。如此一來，孩子們就能夠針對其中的話題開始聊天。她也一定會坐下來一起參與討論，有時會不經意地提出問題，有時會發表她自己的意見，領導孩子們進行對話。有時候，還會像猜謎題一樣地問他們：「哪個地方的地名是西班牙文？」、「地名取自於英國的地方是哪裡？」提供他們一些對話的話題，而他們這些孩子都會很開心地回答。甘迺迪的母親希望他們可以學會兩件事，一件是抱持疑問並且獨立思考的能力，另一件則是辯論的能力。後來在總統大選時，知名度較低的甘迺迪在與競爭對手理查・尼克森的電視辯論會中先馳得點，贏得了這場辯論賽。據說，甘迺迪的母親看了這一場辯論賽以後，覺得孩子們小時候朝氣蓬勃的辯論果真大有用處。

別因為別人的意見而抹滅了你內心真正的想法。要勇敢地相信自己的直覺。

史蒂芬・賈伯斯，美國蘋果公司創始人（1955-2011）

自己動腦思考，是最勇敢的一件事。而且也是讓你表達自己想法的翅膀。

可可・香奈爾，法國時裝設計師（1883-1971）

任何事情都好，要是最終沒有自己動腦思考的覺悟，那只不過是被埋在山一般的資訊裡罷了。

羽生善治，將棋棋士（1970-）

隨時都要保持樂觀

所謂的樂觀積極，
就是始終面向陽光，
向前邁進。

納爾遜・曼德拉

南非政治家、律師
（1918-2013）

在可能被發現的
驚懼之中，
依舊從不自由的生活中
看見了小小的希望

安妮・法蘭克

（1929-1945）

安妮・法蘭克在第二次世界大戰末期被德國納粹黨送往猶太人集中營，並在15歲時過世。她的名作《安妮日記》匯集了她在荷蘭的藏身處度過的2年時光。安妮一家四口與其他四個人一起生活在藏身處，白天禁止發出一切聲響，就連窗簾也拉得緊緊的。吃不飽、穿不暖，又毫無自由，讓她的壓力愈來愈大。再加上安妮本來就愛說話，是個有話直說的直腸子個性，所以與其他人之間的衝突也愈來愈常發生。不過，每一次安妮都會自我反省，因此也更加地成長。在看不見明天的每一天，她始終抱持著希望。她把在藏身處的生活想像成「冒險」，從閣樓窗戶透進來的綠蔭讓她深深感動：「只要還有這樣的陽光，這樣晴空萬里的天空，絕對不會變得不幸。」當房子斷電時，她就會想著：「要過2個星期沒有電燈的日子了，其實也是挺不錯的啊。」總是思考著怎麼樣讓日子過得快樂。正如她說過的話：「我希望我死了以後，依然存在這世上。」她的故事至今仍然扣人心弦。

任何時候都要抱持著明朗的心情以及希望，否則就不會有成功。

海倫・凱勒，美國社會福利活動家（1880-1968）

請保持積極樂觀。不要後悔過去的事、別對未來憂心忡忡，只要專注於現在。

阿爾弗雷德・阿德勒，奧地利精神科醫生（1870-1937）

樂觀主義出自於意志。我們不是因為幸福才笑，而是因為笑了才幸福。

埃米爾・奧古斯特・沙爾捷，法國哲學家（1868-1951）

第 6 章

想讓擁有
無限未來的你
知道的14件事

相信自己

你當學生會長？是來搞笑的嗎？
哥你別選啦！你要是沒選上的話我會很丟臉耶
咦？參選？你吃錯藥了嗎？
哇哈哈

不要害怕，要相信你內心發出的微弱聲音。
接下來是二年級的田中候選人演說

聖雄甘地

印度律師、宗教家

（1869-1948）

那位偉人也是這樣

從小累積起來的自信，促使他們成功達成引擎飛機的史上首度飛行

萊特兄弟

（1867-1912／1871-1948）

美國的萊特兄弟成功地讓配備引擎的飛機首度飛上天空。

哥哥威爾伯與弟弟奧維爾從小都很喜歡製作機器，有一次，他們看到父親買給他們的滑翔機在空中飛旋的模樣，心裡非常希望有一天他們也能在天空中翱翔。長大以後，他們聽到德國技師搭乘滑翔機墜落的新聞，又想起了已經遺忘的夢想。他們前往博物館與老師討論，也到圖書館找尋相關書籍，非常努力地學習關於飛行的機制。小時候，他們的母親教導他們繪圖的重要性，不論什麼都讓他們自由地去製作，而他們也牢牢地記住了母親的教導。

萊特兄弟不斷地從失敗當中反覆摸索，終於在１９０３年讓飛行者一號首度起飛。不過，那時候幾乎沒有人相信配備引擎的機器可以飛上天空。萊特兄弟說：「現在錯誤的事，或許若干年以後就會是正確的。」致力改進他們製作的飛機。不論周圍的人說什麼，他們依然有著自信心。後來，萊特兄弟的飛行獲得了正式的認可，在歷史的一頁中留下了他們的名字。

每個人都過於懷疑自己的能力。要是自己懷疑自己，那就不能竭盡全力去做。如果連自己都不相信自己的話，又有誰會來相信你呢？

麥可．傑克森，美國藝人（１９５８-２００９）

要有信心，不，要假裝很有信心的樣子。這樣一來，就會漸漸產生真正的信心。

文森．梵谷，荷蘭畫家（１８５３-１８９０）

關於溫柔
三個人一組
……。
弗里德里希・尼采
德國哲學家
（1844-1900）
最棒的溫柔就是不讓別人出糗。

袒護惡作劇的好友而被學校退學、捍衛他人名譽的偉大學者

威廉·倫琴
（1845-1923）

威廉·倫琴是輻射線當中的X射線的發現者，並成為第一屆諾貝爾物理學獎的得主。

他出生在德國一戶經營紡織布料的有錢人家，是家中的獨生子。

在他就讀文理中學（高中）時，發生了一件事。他有個朋友在塗鴉時畫了老師的肖像，他被老師叫去質問，要他說出是誰畫了這幅塗鴉。然而，他怎樣都不肯說出朋友的名字，即使再過不久就要畢業了，他還是因此被學校退學。結果，他失去了參加國內大學的入學考試資格，所以後來到瑞士就讀大學。即使他大學畢業，高中肄業的這一點並不利於他的發展，讓他無法順利地往上晉升，吃了不少苦頭，但他長年在許多間大學裡累積經驗，終於成為了教授。後來，他說這份經驗使他多了許多做實驗的機會，反而是因禍得福。從前他捍衛了朋友的名聲，後來他也將諾貝爾獎的獎金全數捐出。在發現X射線之後，他同樣希望能夠造福更多的人，讓更多人都能使用，因此他並未去申請專利。據說，他一生都過著儉樸的生活。

只因為一星半點的事辦不到，就什麼都不去做，那才是最大的錯誤。

悉尼·史密斯，英國作家、牧師（1771-1845）

善良的人是擁有思考力量的人。是能夠思考、能夠開口表達，並且付諸行動的人。

加藤諦三，社會學者（1938-）

所謂善良，是失聰者聽得到、失明者看得見的語言。

馬克·吐溫，美國小說家（1835-1910）

愛是什麼？

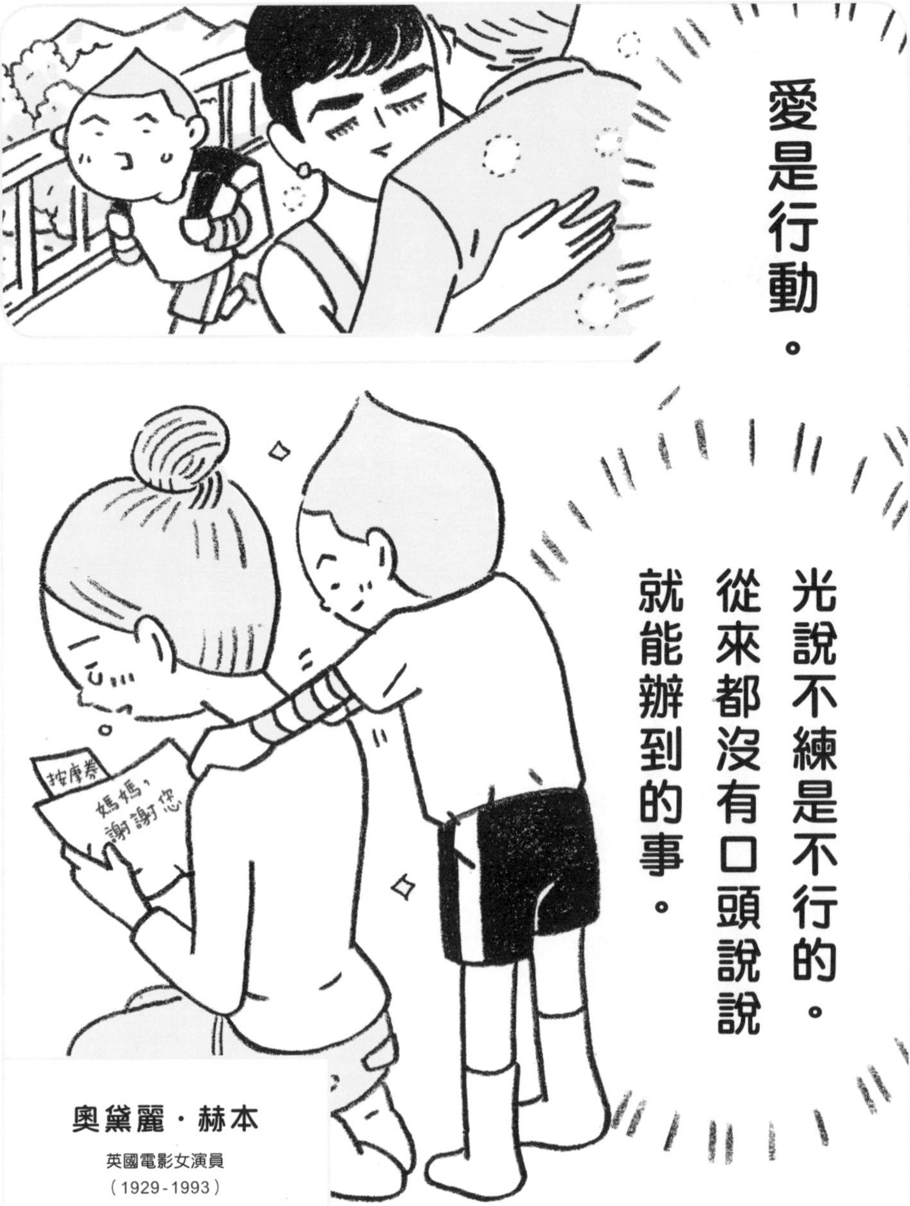

愛是行動。

光說不練是不行的。
從來都沒有口頭說說
就能辦到的事。

奧黛麗・赫本

英國電影女演員
（1929-1993）

她獲得他人為她奉獻自己人生的這份愛，靠著這份愛熬過盲、聾、啞三重苦難

海倫・凱勒
（1880-1968）

海倫・凱勒是美國的慈善家，她跨越了盲、聾、啞這三重殘疾帶來的苦痛。在7歲遇見蘇利文夫人之前，她被大人寵溺地照顧著，養成了用手抓食物進食、一不高興就暴跳如雷等等的習慣。蘇利文夫人相當有耐心地從零開始教導她許多事物，例如用餐禮儀等等。教導的過程彷彿戰爭一般，就連周圍的人有時也覺得蘇利文夫人過於嚴厲。當海倫・凱勒一邊摸著水，第一次開口說出「水……」的時候，她與蘇利文夫人都開心得擁抱住彼此。就這樣，海倫・凱勒學會了語言，也萌發了求知的好奇心。她學習的知識愈來愈多，後來進入大學上課時，蘇利文夫人也時常陪伴在她左右，為她轉述上課的內容。在她建立起與蘇利文夫人的信任關係之後，有一次她問蘇利文夫人：「老師，您為什麼要教我這麼多事？」蘇利文夫人抱著她說：「這當然是因為愛妳呀。」蘇利文夫人為了毫無關係的海倫・凱勒奉獻了自己的一生。擁有這份愛的海倫・凱勒也為了與她有著同樣境遇的人，貢獻了自己一生的力量。

所謂的愛，是原諒對方的過錯，以及包容與自己相反的意見。

佛蘿倫絲・南丁格爾，英國護理師（1820-1910）

懼怕愛等同於懼怕人生。那些懼怕生活的人，有一大半的人生早已形同死去。

伯特蘭・羅素，英國哲學家、數學家（1872-1970）

愛是信任，當我們愛一個人時，會完全地相信對方。

瑪麗蓮・夢露，美國電影女演員（1926-1962）

自己的人生，要靠自己創造
我不喜歡我的人生。
所以，我們才要開創自己的人生。

可可・香奈兒

法國時裝設計師

（1883-1971）

那位偉人也是這樣

賭上自己的性命，向世界爭取婦女教育權的少女

馬拉拉・優素福扎伊

（1997-）

世界上有非常多的孩童由於各種因素而無法上學。甚至在某些國家，女孩子為了替貧困的家庭分攤家計，小小年紀就被迫嫁給他人。馬拉拉是一名住在巴基斯坦的少女，她原先在一所女校上課，並且希望未來成為一名醫生。後來，塔利班以暴力手段統治馬拉拉所居住的區域，之後便相繼發生女學生在上學途中遭人殺害的事件。馬拉拉的生活也陷入隨時都可能被殺害的恐懼之中。馬拉拉心想，她應該忍氣吞聲地等待被人殺害，還是即使會被殺害，也要勇敢地發聲呢……？她下定決心要勇敢地為自己發聲。11歲的馬拉拉在英國廣播公司的部落格上匿名投稿，講述她們悲慘的狀況，而這篇文章引起全世界媒體的注目。後來，塔利班遭到放逐，巴基斯坦政府公開介紹馬拉拉，表揚她是一名勇敢的少女。結果這個舉動為馬拉拉引來了殺機，使她在15歲時遭到塔利班暗殺，頭部中槍。然而，馬拉拉竟然奇蹟似地痊癒。17歲的馬拉拉獲得諾貝爾和平獎，成為史上最年經的諾貝爾獎得主，現在她成立了馬拉拉基金會，持續投入活動，為婦女爭取教育的權利。

何謂自己決定自己的人生？那就是戰勝自己的內心。

翁山蘇姬，緬甸政治家（1945-）

自己的價值由自己決定。就算再怎麼艱苦、窮困，也不能自己扼殺自己。

勝海舟，政治家（1823-1899）

當你認為自己做不到時，即使是原本能做到的事，也會變成做不到；要是你相信自己辦得到，即使是看似不可能的事，也可能會成功。

三宅雪嶺，哲學家（1860-1945）

這世界上充滿著美好的事物

想想存在你身旁的一切美好事物，讓自己擁有愉悅的心情吧。

安妮·法蘭克

德國《安妮的日記》作者

（1929-1945）

那位偉人也是這樣

在絕望的深淵感受到人心的溫暖以及自然的偉大，以詩畫呈現出美好世界的詩畫家

星野富弘

（1946-）

星野富弘是一名詩人，同時也是畫家。他出生在群馬縣勢多郡東村，從小就在大自然圍繞的環境底下成長，大學畢業後，他成為一名中學體育老師。某天，一件悲劇發生在他身上——在體操社團的指導過程中，他的頸椎受傷，導致全身癱瘓，頸部以下都無法動彈。他感到相當絕望，卻也在治療過程中懷有康復的希望，每天都在絕望與希望之間來回擺盪。有一次，他用嘴巴啣著筆寫下文字，終於能寫下回謝信函給前來探視他的朋友們。散步時，醫院中庭雜草堆中的春飛蓬映入他的眼簾，黃色的花蕊，細細白白的花瓣，還有小小片的葉子，讓他覺得非常美麗。自那天起，他開始畫起花卉，並在一旁題上以他內心最直接的感受寫成的詩。自他受傷以後一直照顧著他的母親、守護著他的家人、給予他支持與鼓勵的朋友、前同事、醫院裡的每個人……。他說，他深切感受到別人帶給他的溫暖以及愛，如果他沒受傷，也許就不會察覺到這些溫暖與愛。而且，他還因此發現了大自然創造出的花卉之美。他從絕望的深淵之中爬起，真切地感受到這世界上充滿著美好的事物。

這個世界比你所想像的更加明亮。

吉爾伯特・基思・卻斯特頓，英國作家（1874-1936）

這世界上的幸福，遠比世人以為的還要更多，只是大部分的人都沒發現。

莫里斯・梅特林克，比利時作家（1862-1949）

什麼是負責任？

要展現出一個人的人生之道，最好的辦法不是語言，而是他的選擇。所謂選擇，也就是我們的責任。

愛蓮娜・羅斯福

美國女性權利運動家

（1884-1962）

那位偉人也是這樣

最偉大的科學者在走向人生終點之前所負起的責任

阿爾伯特・愛因斯坦

（1879-1955）

諾貝爾物理學獎的得主阿爾伯特・愛因斯坦是一名德國人，他在世界大戰發生之前曾在日本停留一段時間。愛因斯坦受到日本所擁有的高度文化、悠久歷史以及美學意識所感動，日本人認真而客氣的性格也深深吸引著他，因此他相當喜歡日本。當美國對日本投下核彈時，愛因斯坦大受衝擊。因為，核爆的核分裂正是以愛因斯坦所提出的「相對論」公式為基礎。眾多科學家為了對抗當時希特勒所率領的德軍而開發核彈，於是寫信給美國的羅斯福總統，表示也願意替羅斯福總統製作相同的核彈。愛因斯坦擔心德軍手握核武，所以才勉為其難地在信上署名。後年，愛因斯坦與湯川秀樹見面時，他握著湯川秀樹的手，痛哭流涕地說：「是我傷害了無辜的日本人民，請你們原諒我。」並表示「要是我當時把公式毀了就好了……」後來，愛因斯坦以此為契機，推動廢止核武、和平使用核能的運動，並發表了《羅素—愛因斯坦宣言》。自己的研究導致了核彈的發射，而他負起責任的方式，就是推動和平運動。

所謂英雄，指的是懂得自由與責任同在的那個人。

巴布・狄倫，美國音樂家（1941-）

最終要對我的成功或失敗負起責任的那個人，就是我。

魯柏・梅鐸，美國新聞媒體大亨（1931-）

比賽猶如我的妻子，只要我全力以赴，盡一己之責，它便會為我帶來滿足及和平。

麥可・喬丹，美國NBA職業籃球選手（1963-）

幸福就在你的心中

咚
咕嚕
肚子餓扁了……
差點忘了別人給我的點心，還好有這個！
人之所以不幸，
是因為身在福中不知福。
理由無他，僅此而已。
費奧多爾·米哈伊洛維奇·
杜斯妥也夫斯基
俄羅斯小說家、思想家
（1821-1881）

那位偉人也是這樣

有著願意為他人付出的心，並付諸行動的人，才是幸福之人

德蕾莎修女

（1910-1997）

德雷莎修女不忍貧困的人倒臥街頭死去，於是為了盡一點棉薄之力，隻身一人離開了加爾各答的修道會。貧民窟的街道上不是印度教的教徒，就是伊斯蘭教的教徒，而她是天主教的修女，因此受了不少人的冷漠對待。不久之後，她先前教過的幾個學生跑來幫忙她。這些學生幾乎都是有錢人家的千金小姐，她們捨棄自己原來衣食無缺的生活，選擇與德雷莎修女一同行動。儘管德雷莎修女所推動的活動日漸擴大，仍有人會來找碴或是反對。另一方面，附近的貧困人家也開始到德雷莎修女成立的設施一起幫忙。在她獲得諾貝爾和平獎之後的某一天，一名衣衫襤褸的老者站在玄關，他說：「這是我坐在寺院前面，別人施捨給我的錢。」一邊面帶微笑地將為數不多的錢交給德雷莎修女，德雷莎修女感受到這名老者的心中充滿了真正的愛。她深信，人若擁有一顆能為他人著想的心，便會獲得幸福。

鑽進被窩以後期待著明日早晨，這樣的人真的很幸福。

卡爾・希爾蒂，
瑞士思想家、法學者
（1833-1909）

如果你在當下的瞬間感受不到無上的喜悅，那麼理由就只有一個——你在想著你所沒有的東西。能讓你感到喜悅的東西，一切都是你手中所擁有的。

安東尼・德・梅洛，
印度聖職者
（1931-1987）

一輩子都要堅持自己喜歡的事物

去做你喜歡做的事情。人就是為此而誕生。

水木茂

漫畫家

（1922-2015）

那位偉人
也是這樣

不可自拔地愛上繪畫，這份熱情讓他的父親投降！毅然走上成為大師的道路

李奧納多・達文西

（1452-1519）

達文西從小就愛畫圖，總是畫個不停，周圍的人都稱讚：「這孩子真是喜歡畫畫，而且畫得又好。」他的父親是義大利佛羅倫斯政府機關的官員，很希望達文西將來能繼承他的衣缽，就算沒辦法繼承，也希望達文西至少當個銀行員或商人。但是達文西的課業成績並不理想，這讓他的父親焦慮不已。達文西14歲的時候，認為他必須認真思考將來的父親，給了他一枚盾牌。父親告訴他，有個朋友請他在盾牌上面作畫。達文西認真思索後，想著：「既然是戰爭用的武器，那就畫出一幅能震撼敵人的畫。」父親看了完成的作品後，對於這幅傑出的畫作感到驚訝不已！原來，達文西在盾牌上畫了一個滿頭蛇髮的可怕女子。父親對他說：「你果然應該要朝著藝術的方向發展才好。」並且拜託當時有名的藝術家安德烈・德爾・委羅基奧收達文西為徒弟。達文西終於正式地朝著自己喜歡的方向邁進，達文西在20歲時被稱為「Maestro」，意思是「大師」，留下數件名作的偉大畫家就此誕生。

找到你喜歡的事，然後做你喜歡的事。不做自己喜歡的事，就太辜負自己的人生了。

比利・喬，美國音樂家（1949-）

做自己討厭的事，也不會有什麼進步。人生只有一次，就應該貫徹自己喜歡的事物。如此一來，不久就能對這社會有所貢獻。

本田宗一郎，本田技研工業創始人（1906-1991）

最重要的是在自己喜歡的領域裡做喜歡的事。那些成功的人都是在做自己喜歡的事情。

中村修二，諾貝爾物理學獎得主（1954-）

提升運氣的生存之道

命運，是能夠靠努力改變的。

遠藤周作

作家

（1923-1996）

那位偉人也是這樣

雖然一再地失敗，
仍相信自己的能力，
捲土重來。
這份鍥而不捨的奮鬥，
為他招來好運

華特・迪士尼

（1901-1966）

以《米老鼠》這部卡通打響名聲的華特・迪士尼，出生在美國的芝加哥。他自幼困苦，曾幫忙父親一起配送報紙，6年來不曾休息。華特很喜歡畫畫，有時也會把自己的素描賣給附近的人。長大以後，年輕的他開始在報社工作，負責繪製漫畫，但後來編輯以「沒有想像力，又沒有好的構想」為由解雇他，華特又繼續過著苦日子。這時，他遇見了後來成為終生摯友的烏布・伊沃克斯，二人一起成立一間公司，卻經營得不順利。後來，華特發揮他身為動畫製作師的長才，再度開了一間新公司，結果仍然破產。之後，華特搬到了好萊塢，與他的哥哥共同創立迪士尼兄弟製片廠（Disney Brothers Studio），正當公司穩步發展時，卻又面臨接近破產的狀態。那時，他與摯友烏布共同重建這間製片廠。他有自信自己畫的畫作以及故事一定能帶給人們歡樂。正因為擁有這份自信，即使一再地失敗，他也絕不放棄。若是一切歸零，就重頭再來一次。也許是在反覆挑戰的過程中，吸引機會降臨的力量愈來愈強大了，最後華特靠自己的力量，走出了自己的命運。

有些事情確實與運氣好壞有關，但是我們平日的行為，確實也會影響到自身的運氣。一個人的命運如何發展，最終還是掌握在自己手中。

法蘭西斯・培根，
英國哲學家、法學家
（1561-1626）

命運就在於性格之中。

芥川龍之介，
作家（1892-1927）

成功達成目標的方法

果斷地告訴自己
「我辦得到」、「我要去做」。
然後，
你就會找到方法。

亞伯拉罕・林肯

美國第16任總統、律師
（1809-1865）

那位偉人也是這樣

人生就是一連串的抉擇，自己做的決定，再辛苦也要貫徹

松下幸之助

（1894-1989）

創立Panasonic的松下幸之助出生於現今的日本和歌山縣，一戶傳承二百年的富裕農家。4歲時，他的父親在美國股市中失利，因此幸之助在9歲時便到大阪的一間火盆店當伙計，有時幫忙老闆顧小孩，有時幫忙做家事。後來，他的老闆決定要把店面收起來，所以他又到腳踏車行工作。在那裡，他以一個社會人的角度學會了商人的基本知識。某天，他看見了路面電車，覺得非常感動，心想：「體積如此龐大的電車卻是靠著肉眼看不見的電力在移動，真的太厲害了。」當時還是電力尚未普及的時代，而他卻堅信電力將與人們的生活息息相關。據說，後來他決定要辭去這份做了6年的工作，但要離開這間一直照顧他的店，他心裡過意不去，於是請姊姊發來一則寫著「母親生病」的電報。不過，後來他仍然寫了一封信告訴老闆關於辭職的真相，可見他的意志有多麼強大。松下幸之助曾說：「我們必須鼓起勇氣，做出抉擇。」後來身為經營者的松下幸之助，也做出許許多多的決定。其中，左右人生的重大決定，即是在他看見路面電車之後所做出的這個抉擇。

相信自己可以成功，就是邁向成功的第一步。

羅伯特・舒樂，美國牧師、作家（1926-2015）

人生是由大大小小的決斷累積而成。

大賀典雄，企業家、指揮家（1930-2011）

不做出決斷有時還比錯誤的行動更加糟糕。

亨利・福特，美國，福特汽車創始人（1863-1947）

好的競爭對手
會將你的人生推向更高的地方

谷川
俊太郎
詩人、繪本作家
（1931-）

那位偉人也是這樣

好的競爭對手帶來刺激，漸漸地提升自己的程度，最後成為世界級的冒險家

植村直己

（1941-1984）

植村直己是一位世界級的冒險家，他是全世界第一位成功攀登五大陸最高峰的人，也成功在北極點完成雪橇單獨行。然而，他並不是從小就夢想當一名冒險家，進入明治大學以後，他隨隨便便就加入了登山社，這成了他走上冒險家之路的契機。剛開始，體力差又沒有登山知識的他經常摔倒，就像從樹上掉到地上的橡果實一樣，被笑稱為「橡果實」。揹著沉重的行李登山已經很辛苦了，再加上社團學長姐的訓練又相當嚴格，使他萌生退出登山社的念頭。這時，與他同為登山社新社員的小林政尚跟他說：「我們一起加油吧。」小林不僅頭腦聰明，又有男子氣概，個性爽朗的他跟其他人都相處得很融洽，與植村是完全相反類型的人。植村的心中燃起了鬥志，心想著：「我可不能輸給小林！」於是他持續進行自主訓練以及登山，鍛鍊體能的同時也累積了愈來愈多的經驗。大學三年級時，小林成為登山社的社長，植村則是副社長。在即將畢業之前，植村聽小林說：「麥肯尼峰（現稱為德納利峰）實在很壯觀，真的值得你去見識一回。」於是他下定決心飛往美國。若是沒有小林這個競爭對手，或許就不會有冒險家植村直己的存在。

瞭解你的人創造了你。

羅曼・羅蘭，法國作家（1866-1944）

人生若沒了友情，如同世界失去了太陽。

馬庫斯・圖利烏斯・西塞羅，古羅馬政治家、哲學家（西元前106-43）

什麼是朋友？就是同一個靈魂住在兩個肉體裡。

亞里斯多德，古羅馬哲學家（西元前384-322）

別忘了「感謝」的心意

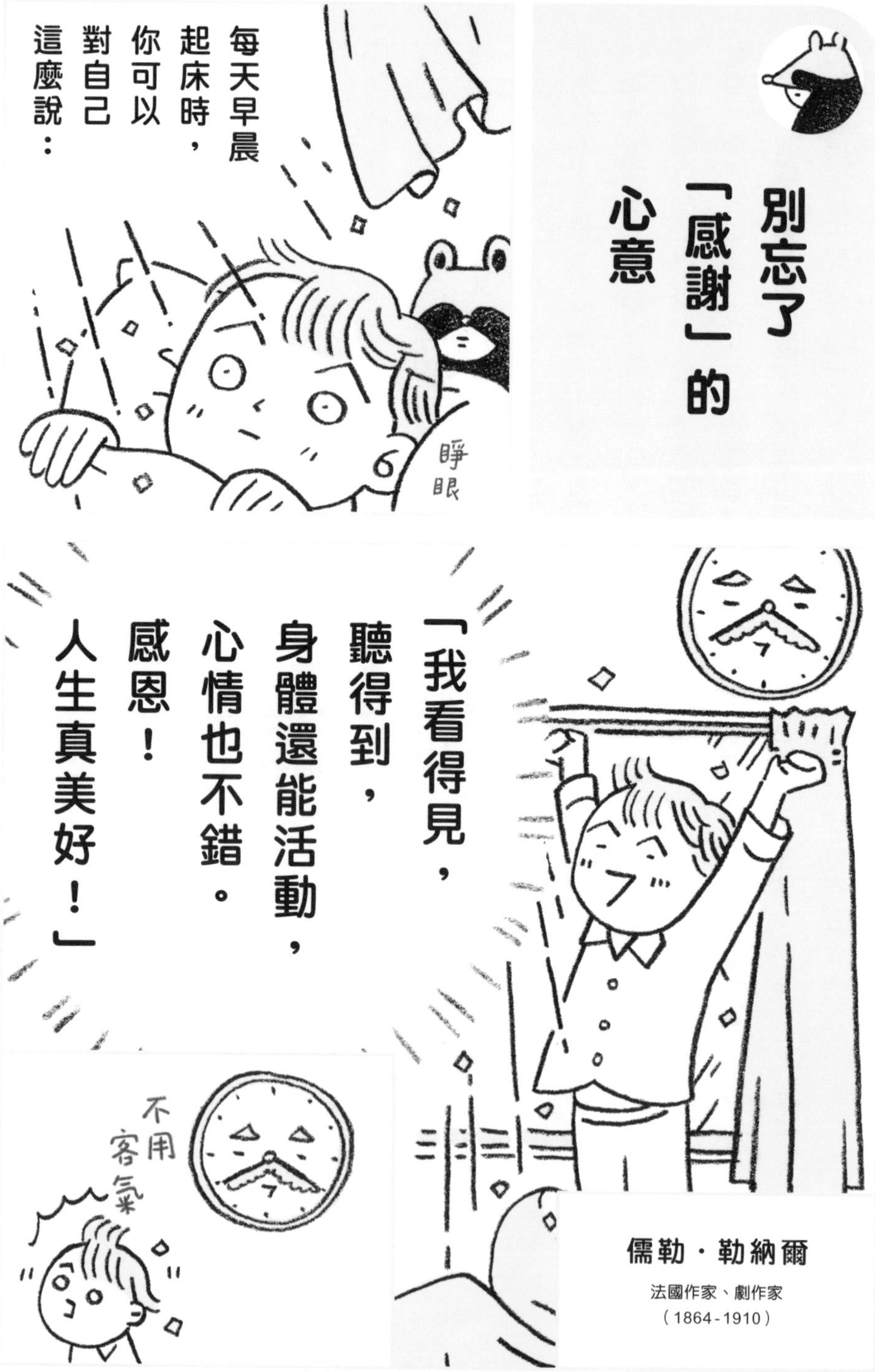
每天早晨起床時，你可以對自己這麼說：
睜眼
「我看得見，聽得到，身體還能活動，心情也不錯。感恩！人生真美好！」
不用客氣

儒勒・勒納爾

法國作家、劇作家

（1864-1910）

那位偉人也是這樣

即使功成名就，仍不忘「感謝」心情的世界級電影導演

黑澤明

（1910-1998）

黑澤明是一位世界聞名的電影導演，他曾獲得奧斯卡金像獎、坎城影展等電影界的權威獎項。他在製作電影時相當仔細，有所堅持，為此耗費不少的製作費以及製作時間，讓電影公司傷透腦筋。此外，他在拍片現場也非常嚴格，演員及工作人員都頗為畏懼他。另一方面，他也時常對他人以及大自然表達謝意，據說他總是將「不違反大自然、不破壞大自然，希望能與大自然和平共處」掛在嘴邊。黑澤明在俄羅斯拍片時也很珍惜每寸草木，並將租借來的建築場景恢復原狀。與他人的關係也是如此，他相當地珍惜身旁的每一個人，平常總是笑臉迎人，與在拍片現場時截然不同。他常教誨工作人員：「我希望你們都能好好對待來採訪的人，還有在拍攝場地照顧我們的人。」黑澤明希望他們都別忘了，即使這些人的姓名沒有出現在大螢幕上，但正因為有這麼多人的幫助，他們才能製作出一部好電影。愈是有所成就，就愈要珍惜他人，愈不能忘了感謝的心。也許，正是因為黑澤明懷有這一份感謝的心，他在艱困的電影製作路上才能得到這麼多人的幫助，製作出深受全世界喜愛的電影。

不滿是壓力之本，而感謝則能帶來能量。

森光子，女演員（1920-2012）

感恩的心與幸福感成正比，愈懂得感恩，就會愈幸福。

松下幸之助，Panasonic創始人（1894-1989）

懂得感恩的人，能從恩惠之中發現更勝於恩惠的寶物。

普布里烏斯・西魯斯，古羅馬詩人（西元前100左右）

相遇的人，都是人生中的寶藏

在人生有限的時光裡，自己能遇見的人遠遠少於不會遇見的人。因此，我們該多麼珍惜那些我們所遇見的人啊。

大林宣彥

電影導演

（1938-）

那位偉人也是這樣

與朋友的相遇
改變了他的人生，
培養出一名大發明家

亞歷山大·格拉漢姆·貝爾

（1847-1922）

出生在英國的貝爾是電話的發明者，他的母親是聽障人士，父親則是教導發音以及指導聽障人士說話的老師。貝爾很喜歡在家裡靜靜地度過的日子，有時他會彈彈鋼琴，有時畫圖。某次，一名叫做班的少年為了矯正說話方式而來到貝爾父親的工作處。貝爾與班非常合得來，所以每天都跑到他家經營的磨坊一起玩耍。某一天，班的父親對他們兩個說：「你們別總是玩捉迷藏，不想試著做些有用處的事情嗎？例如把小麥脫殼等等……」貝爾覺得很興奮，與班一起開始做實驗，一口氣想出了許多種小麥脫殼的方式，班的父親也大力稱讚他們。歡欣鼓舞的貝爾請大人幫他們打造一個專用工廠，醉心在發明各種物品的遊戲之中。後來，他為母親設計了一個聽力機器，而這個聽力機器的實驗則關係到後來的電話發明。若是貝爾不曾遇見班以及他的父親，也許就不會走上發明家的道路。

我們的努力自然是不必多說，我們還會透過與他人的相遇塑造出自己，並引導出我們的能力。

太田朋子，
遺傳學家
（1933-）

每當你遇見一位擁有魅力的人時，都要學習他的彬彬有禮、謙遜、和藹等優點。

卡萊·葛倫，
英國電影演員
（1904-1986）

別對任何事感到害怕

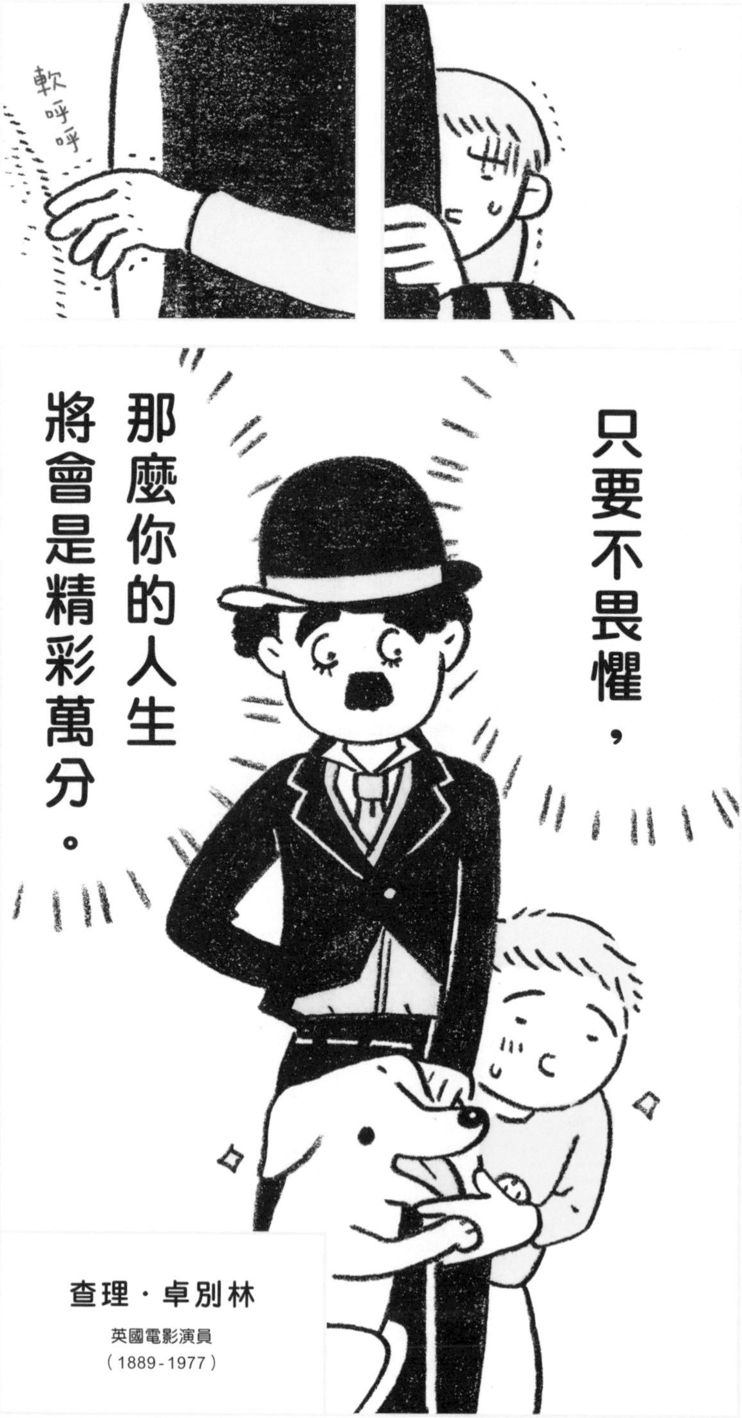
軟呼呼
只要不畏懼，
那麼你的人生
將會是精彩萬分。

查理·卓別林

英國電影演員

（1889-1977）

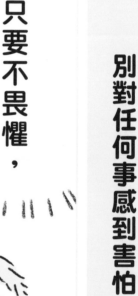

那位偉人

也是這樣

即使可能失去心愛之人，仍克服內心的恐懼，成為對醫學有所貢獻的人

華岡青洲

（1760-1835）

華岡青洲是江戶時代後期的外科醫生，他出生在現今日本和歌山縣的醫者世家，成長過程中也期許自己將來要救助病人。他在京都學醫時，從某本醫學典籍得知中國的華陀曾使用麻醉藥進行手術。當時由於沒有麻醉藥，醫生並不能替罹患癌症的病人進行手術，切除他們身上的腫瘤。華岡青洲認為無論如何也要製作出麻醉藥，於是他回到故鄉，在行醫看診的同時，投入麻醉藥的研究。曼陀羅花具有相當強烈的毒性，但只要調配得宜，則具有麻醉效果。他混合了數種植物，反覆進行實驗之後，才確定了麻醉的效果。他終於研究出麻醉藥的配方，卻無法進行實驗確定人體適用的麻醉劑量。這時，他的母親與妻子都表示自願以自己的身軀進行人體實驗。這讓華岡青洲相當糾結，要是實驗失敗了，他就可能失去心愛的親人……然而，他最後還是克服恐懼，下定決心進行實驗，最後成功找出最適合人體的麻醉劑量。在經過莫大的犧牲之後，成功迎來全世界首次的全身麻醉手術，並為後來的醫療發展做出了巨大的貢獻。

我們唯一要恐懼的就是恐懼本身。

富蘭克林・德拉諾・羅斯福，美國第32任總統（1882-1945）

內心所想像的恐懼遠遠超過實際上的恐怖。

威廉・莎士比亞，英國劇作家、詩人（1564-1616）

人生當中沒什麼好害怕的。只要好好地去了解就行了。

瑪麗・居禮，波蘭，諾貝爾物理學獎、化學獎得主（1867-1934）

出　處

名言

◎『愛の言葉』（「人生の言葉」編集部編／日本ブックエース）◎『ありきたりの毎日を黄金に変える言葉』（ジョン·C·マクスウェル著·齋藤孝監訳／講談社）◎『運命の言葉』（「人生の言葉」編集部編／日本ブックエース）◎『折れない心をつくる言葉』（植西聡／青春出版社）◎『革命の言葉』（「人生の言葉」編集部編／日本ブックエース）◎『心にズドン!と響く「運命」の言葉』（ひすいこたろう／三笠書房）◎『人生の言葉』（「人生の言葉」編集部編／日本ブックエース）◎『聖なる知恵の言葉』（スーザン・ヘイワード［編］山川紘矢·亜希子［訳］）◎『世界の女性名言事典未来を切りひらく希望のことば』（PHP研究所編／PHP研究所）◎『ニーチェ道をひらく言葉』（野田恭子訳／イースト・プレス）◎『平和の言葉』（「人生の言葉」編集部編／日本ブックエース）◎『名言』（「座右の銘」研究会編／里文出版）◎『名言名句に強くなる! 今スグ役立つ選りすぐりの言葉』（世界文化社）

【參考網站】

◎癒しツアー、偉人の名言·格言（http://iyashitour.com/meigen/greatman）◎世界の名言·格言（https://dictionary.goo.ne.jp/quote/）◎名言+Quotes（http://meigen-ijin.com/）◎名言DB（https://systemincome.com/）◎名言ナビ（http://www.meigennavi.net/）

名人軼事

◎『愛、深き淵よ一新版』（星野富弘／学習研究社）◎『あなたの知らないビル・ゲイツ』（I・B・マッキントッシュ著、京兼玲子訳／文藝春秋社）◎『あの偉人たちを育てた子ども時代の習慣』（木原武一／ＰＨＰ研究所）◎『アリババの野望 世界最大級の「ITの巨人」◎ジャック・マーの見る未来』（王利分·李翔著／角川書店）◎『一日一日、強くなる 伊調馨の「壁を乗り越える」言葉』（伊調馨、宮崎俊哉·構成／講談社）◎『イチローの少年時代』（鈴木宣之著／二見書房）◎『いのちにつながるノーベル賞』（若林文高監修／文研出版）◎『ＮＨＫスペシャル グーグル革命の衝撃』（ＮＨＫ取材班／日本放送出版協会）◎『オリンピック パラリンピックの大記録』（講談社編／講談社）◎『科学の扉を開いた人びと１～３』（海部宣男監修／金の星社）◎『教科書にのせたい！ 日本人じてん』（岡澤憲芙監修、こどもくらぶ編／渓流社）◎『車いすはともだち』（城島充著／講談社）◎『心をそだてるはじめての伝記１０１人一決定版』（講談社）◎『この人を見よ！ 歴史をつくった人びと伝シリーズ』（ポプラ社）1、本田宗一郎 2、黒澤明 3、植村直己 4、手塚治虫 5、岡本太郎 6、ヘレン・ケラー 7、アンネ・フランク 8、アインシュタイン 9、マザー・テレサ 10、オードリー・ヘップバーン 11、豊臣秀吉 12、野口英世 13、宮沢賢治 14、ナイチンゲール 15、アンリ・ファーブル 16、エジソン 17、レイチェル・カーソン 18、勝海舟 19、与謝野晶子 20、渋沢栄一 21、マーティン・ルーサー・キング 22、湯川秀樹 23、上杉謙信◎『ジョコビッチの生まれ変わる食事一あなたの人生を激変させる14日間プログラム』（ノバク・ジョコビッチ著·タカ大丸訳／三五館）◎『スマイルスポーツ』（2015 March Vol.61／ベースボールマガジン社）◎『世界を変えた人が、子どもだったころのお話』（ＰＨＰ研究所変／ＰＨＰ研究所）◎『セザンヌ』（ガスケ著、與謝野文子訳／岩波文庫）『フェイスブック若き天才の野望』（デビッド・カークパトリック著、滑川海彦·高橋信夫訳／日経ＢＰ社）◎『フェイスブックをつくったマーク・ザッカーバーグ一時代をきりひらくIT企業と創設者たち』（スーザン・ドビニク著、熊坂仁美監修、熊谷玲美翻訳／岩崎書店）◎『ネルソン・マンデラ 自由へのたたかい』（パム・ポラック＆メグ・ベルヴィリ著、伊藤菜摘子訳／ポプラ社）◎『ノーベル賞をとったえらい人』（ノーベル賞受賞者研究会／宝島社）◎『未来は言葉でつくられる突破する１行の戦略』（細田高広／ダイヤモンド社）◎『レディー・ガガのすべて』（モーリーン・キャラハン著·中村有似訳／ソフトバンククリエイティブ）◎『夢と感動を生んだ人の伝記一10分で読める』（塩谷京子監修／学習研究社）◎『夢と努力で世界を変えた17人一君はどう生きる？』（有吉忠行／ＰＨＰ研究所）

【參考網站】

◎朝日新聞デジタル（http://www.asahi.com/topics/「いじめと君」）◎せかい伝記図書館（いずみ書房）（http://www.izumishobo.co.jp/onlinebook/c02_denki.html）◎TABI LABO（https://tabi-labo.com/）◎logmi（https://logmi.jp/）◎BARKS音楽ニュース（https://www.barks.jp/）

（2018.01.31的資料）

文 · **定政敬子**

津田塾大學英文系畢業。
多年以來於美國新聞業界、國內出版業界從事寫作與編輯關於教育、自我啟發之書籍。
之所以著手執筆此書，是希望以淺顯易懂的方式，
讓身為未來棟樑的年輕人理解名言佳句的力量。

圖 · **北谷彩夏**

1987年出生於大阪府。
2008年起於任職於文平銀座股份有限公司。
現為自由工作者，工作內容主要為平面設計及繪製插圖、漫畫。

這個句子拯救我 給青少年的強心金句

出　　版／楓葉社文化事業有限公司
地　　址／新北市板橋區信義路163巷3號10樓
郵政劃撥／19907596 楓書坊文化出版社
網　　址／www.maplebook.com.tw
電　　話／02-2957-6096
傳　　真／02-2957-6435
作　　者／定政敬子
插　　畫／北谷彩夏
翻　　譯／胡毓華
責任編輯／王綺
內文排版／楊亞容
校　　對／邱怡嘉
港澳經銷／泛華發行代理有限公司
定　　價／320元
初版日期／2021年 3月

國家圖書館出版品預行編目資料

這個句子拯救我 / 定政敬子作；胡毓華翻譯. -- 初版. -- 新北市：楓葉社文化事業有限公司, 2021.03　面；　公分

ISBN 978-986-370-260-3（平裝）

1. 格言

192.8　　109021792